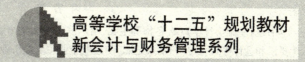

高等学校"十二五"规划教材
新会计与财务管理系列

基础会计学
学习指导书

主编 么冬梅 王 涌

哈尔滨工业大学出版社
HARBIN INSTITUTE OF TECHNOLOGY PRESS

内 容 简 介

本书是《基础会计学》(么冬梅等主编,哈尔滨工业大学出版社)的配套学习指导书。内容包括:总论,会计要素和会计等式,账户和复式记账,制造业企业主要经济业务的核算,账户分类,会计循环,会计凭证,会计账簿,财产清查,财务报表,账务处理程序及会计工作组织。

本书既可作为高等院校会计学、财务管理学,以及经济、管理等相关专业学习基础会计学的参考书,也可作为自学考试、会计专业技术资格考试以及会计上岗证考试的课外参考书。

图书在版编目(CIP)数据

基础会计学学习指导书/么冬梅,王涌主编. —哈尔滨:哈尔滨工业大学出版社,2015.1
ISBN 978-7-5603-5177-3

Ⅰ.①基… Ⅱ.①么… ②王… Ⅲ.①会计学-高等学校-教学参考资料 Ⅳ.①F230

中国版本图书馆 CIP 数据核字(2014)第 306853 号

策划编辑	许雅莹
责任编辑	李广鑫
封面设计	刘长友
出版发行	哈尔滨工业大学出版社
社　　址	哈尔滨市南岗区复华四道街 10 号　邮编 150006
传　　真	0451-86414749
网　　址	http://hitpress.hit.edu.cn
印　　刷	哈尔滨市工大节能印刷厂
开　　本	787mm×1092mm　1/16　印张 13　字数 313 千字
版　　次	2015 年 1 月第 1 版　2015 年 1 月第 1 次印刷
书　　号	ISBN 978-7-5603-5177-3
定　　价	28.00 元

(如因印装质量问题影响阅读,我社负责调换)

前　言

《基础会计学》(么冬梅等主编,哈尔滨工业大学出版社)自 2007 年 8 月第 1 版出版以来,得到师生及读者的认可。为了帮助读者更好地学习会计学的基本理论、基本方法和基本操作技能,掌握会计专业基础课程的学习方法,抓住基础会计课程的重点、难点,提高读者分析问题、解决问题的能力,从而准确地把握基础会计课程的全部内容,应广大师生及读者的要求,我们根据《基础会计学》最新版本,结合最新的会计规范,组织编写了这本《基础会计学学习指导书》,希望能对各位读者的学习有所帮助。

本书在编写过程中,除了保持主教材的特点外,还力求突出以下特点:

(1)一致性。为了方便读者对照教材循序渐进地学习基础会计课程内容,本书采用与《基础会计学》新版教材的篇章一致的结构设计、知识点阐述,并且各章内容的安排也与主教材一致。

(2)实用性。本书各章的结构分为知识点概要、自我训练及参考答案三部分。在知识点概要部分,本书将《基础会计学》的知识点进行了归纳和概括,以便学生掌握重点理论、方法。自我训练部分的题型灵活,覆盖的知识点全面,主要包括单项选择题、多项选择题、判断题、名词解释、简答题、业务题,以便通过各种题型的训练,加深对会计基本理论的理解,培养学生的动手能力,提高学生的操作技能和分析问题、解决问题的能力。参考答案部分详细解答了本书各章的自我训练的习题,以便学生核对自己的答题结果是否正确,检验学习效果,判断自己对知识掌握的程度。

相信本书会给学习《基础会计学》的读者带来许多帮助。本书由哈尔滨理工大学么冬梅、王涌担任主编,本书第 3、4、7、8、10、11 章由么冬梅编写,第 1、2、5、6、9、10 章由王涌编写。全书由么冬梅统稿。

由于编者时间和水平有限,书中疏漏及不足之处,敬请读者批评指正。

作　者

2014 年 11 月

目 录

第1章 总论 …………………………… (1)
    知识点概要 …………………… (1)
    自我训练 ……………………… (5)
    参考答案 ……………………… (9)

第2章 会计要素和会计等式 ………… (11)
    知识点概要 …………………… (11)
    自我训练 ……………………… (14)
    参考答案 ……………………… (20)

第3章 账户和复式记账 ……………… (23)
    知识点概要 …………………… (23)
    自我训练 ……………………… (28)
    参考答案 ……………………… (37)

第4章 制造业企业主要经济业务的核算 … (42)
    知识点概要 …………………… (42)
    自我训练 ……………………… (52)
    参考答案 ……………………… (64)

第5章 会计循环 ……………………… (73)
    知识点概要 …………………… (73)
    自我训练 ……………………… (76)
    参考答案 ……………………… (79)

第6章 账户分类 ……………………… (81)
    知识点概要 …………………… (81)
    自我训练 ……………………… (85)
    参考答案 ……………………… (91)

第7章 会计凭证 ……………………… (93)
    知识点概要 …………………… (93)
    自我训练 ……………………… (97)
    参考答案 ……………………… (105)

第8章 会计账簿 ……………………… (118)
    知识点概要 …………………… (118)
    自我训练 ……………………… (123)
    参考答案 ……………………… (132)

第9章 财产清查 ……………………… (137)
    知识点概要 …………………… (137)
    自我训练 ……………………… (143)
    参考答案 ……………………… (153)

第10章 财务报表 …………………… (157)
    知识点概要 …………………… (157)
    自我训练 ……………………… (161)
    参考答案 ……………………… (170)

第11章 账务处理程序 ……………… (173)
    知识点概要 …………………… (173)
    自我训练 ……………………… (179)
    参考答案 ……………………… (187)

第12章 会计工作组织 ……………… (194)
    知识点概要 …………………… (194)
    自我训练 ……………………… (198)
    参考答案 ……………………… (201)

第 1 章

总 论

 知识点概要

1.1　会计的含义

会计起源于人类的生产活动。会计产生的动因是对生产过程中各种耗费的关心。会计是生产活动发展到一定阶段的产物,是为适应管理生产活动的需要而产生的。会计是适应管理生产活动发展需要而产生的,并随着生产的发展而发展,会计从产生至今经历了一个由低级到高级,由简单到复杂的发展过程。经济越发展,会计越重要。

我们通常所说的会计主要是指会计工作,既然有会计工作的实践,就势必有实践经验的总结和概括,就有会计的理论,就有会计工作赖以进行的指导思想。会计是解释和指导会计实践的知识体系,是一门学科,即会计学。

从会计工作的角度综合考虑,会计的定义可以表述为:会计是以货币为主要计量单位,采用一系列专门方法,对企业、事业、机关团体等单位的经济活动进行全面、连续、系统地核算和监督,向会计信息使用者提供会计信息,促使单位提高经济效益的一种经济管理活动。

会计的定义里涵盖了以下内容:
(1)会计主体(会计的范围)——企业、事业、机关团体等单位。
(2)会计客体(会计的对象)——经济活动。
(3)会计的主要计量尺度(显著特征)——货币计量。
(4)会计的手段——专门方法。
(5)会计的任务——提供会计信息,参与企业的经营管理,促使单位提高经济效益。
(6)会计的本质——经济管理活动。
(7)会计的基本职能——核算和监督。
(8)会计的服务对象——会计信息使用者。

1.2　会计的职能和目标

会计的职能是指会计在经济管理中所具有的功能。

会计的基本职能是核算(反映)和监督。

核算职能是反映客观的经济活动情况,为经济管理提供信息。核算职能是会计最基本的职能。

会计核算通过确认、计量、记录和报告这几项活动实现,经过记账、算账和报账这几个过程来完成。

会计核算的特征:会计核算以货币为主要计量单位;具有可验证性;具有全面性、连续性、系统性。

监督职能是指会计按照一定的目的和要求,利用会计核算提供的会计信息对经济活动进行控制,使之达到预期的目标。会计监督旨在保证经济业务的合法性、合理性、有效性(效益性),加强经济管理。会计监督通过审查、考评、调节、控制活动实现。

会计监督的特征:具有强制性,严肃性;具有连续性;具有完整性。

会计核算和监督职能两者是密切结合、相辅相成的。核算是基础,没有核算,监督就无依据。监督是保证,没有监督就不能保证提供真实可靠的会计信息。因此,只有在正确核算的同时严格监督,才能为管理经济提供真实可靠的会计信息,才能发挥会计的作用。

会计目标又可以看作是财务报告的目标,是指人们通过会计工作所预期达到的目的。

我国企业会计准则规定:企业应当编制财务会计报告(又称财务报告)。财务会计报告的目标是向财务会计报告使用者提供与企业财务状况、经营成果和现金流量等有关的会计信息,反映企业管理层受托责任履行情况,有助于财务会计报告使用者做出经济决策。财务会计报告使用者包括投资者、债权人、政府及其有关部门和社会公众等。

会计目标要明确表述:会计为谁服务(向谁提供会计信息),提供什么样的信息,以什么方式提供会计信息。

1.3　会计的对象

会计的对象又称会计客体,是指会计反映和监督的内容。

会计核算和监督的内容是能用货币计量的经济活动。

会计的对象也可以说是社会再生产过程中的资金运动。

会计要素是对会计对象所做的基本分类,是会计对象的具体化,是反映会计主体财务状况和经营成果的基本单位,是构成会计报表的基本项目。

我国《企业会计准则》将企业的会计要素划分为资产、负债、所有者权益、收入、费用及利润六大要素。

1.4　会计核算方法概述

会计核算方法是用来核算和监督会计对象,完成会计任务的手段。

会计核算方法是最基本的、最主要的方法。会计核算方法是指会计对企业、事业、机关团体等单位的经济活动进行连续、系统、全面地确认、计量、记录和报告所采用的方法。

会计核算方法间的关系如图 1.1 所示。

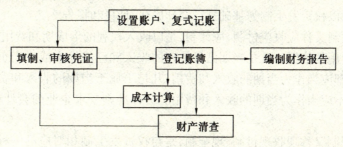

图 1.1　会计核算方法间的关系

会计核算的各种方法是相互联系、密切配合的,它们共同构成会计核算方法体系。在连续的会计期间,周而复始地按照一定的步骤,顺序运用上述会计核算方法进行会计处理的全过程，叫作会计循环。

1.5　会计核算基础

　　会计核算的基本前提是对会计核算所处经济环境在时间、空间范围上所做的合理设定，又称为会计假设。会计核算的基本前提包括会计主体、持续经营、会计分期和货币计量。

　　会计主体是指会计信息所反映的特定单位，它规定了会计核算的空间范围，明确了会计为谁核算，给谁记账。会计主体可以是一个独立法人、非法人，可以是一个企业或企业内部的一个责任单位，也可以是单一企业或集团公司。会计主体不同于法律主体。法律主体往往是一个会计主体，但是会计主体不一定是法律主体。

　　持续经营是指在可以预见的将来，企业将会按照当前的规模和状态继续经营下去，不会停业，也不会大规模削减业务，它规定了会计核算的时间范围，明确了企业的经济活动能否持续不断地进行下去。

　　会计分期是指将一个企业持续经营的生产经营活动划分为一个个连续的长短相同的期间，以便于分期提供会计信息。它规定了会计核算的时间范围，明确了会计应该在什么时候提供会计信息的问题。企业应当划分会计期间，分期结算账目和编制财务会计报告。会计期间分为年度和中期。我国采用日历年度，自公历每年的1月1日起至12月31日止作为一个会计年度。每一个会计年度再具体划分为半年度、季度和月份，即为中期。

　　货币计量是指会计主体在会计核算过程中采用货币作为计量单位，计量记录和报告会计主体的生产经营活动，明确了会计信息的主要数量特征问题。货币计量有两层含义：一是会计核算要以货币作为主要的计量尺度；二是币值相对稳定。

　　若企业的经济活动有两种以上的货币计量，应该选择一种作为会计核算基准，称为记账本位币。在我国，会计核算以人民币作为记账本位币。

　　会计信息质量要求是会计核算工作的基本规范，也是会计核算工作的基本要求。企业会计准则规定企业会计信息应具有客观性(真实性)、相关性、明晰性、可比性、实质重于形式、重要性、谨慎性和及时性。这些质量要求是对会计核算和会计信息做出的总体要求和原则性规定，会计核算符合这些要求，就可以提高会计信息的质量，满足会计信息使用者的需要。

　　企业应当以权责发生制为基础进行会计确认、计量和报告。

　　权责发生制又称应收应付制、应计制，是以收入权利的形成期和费用义务的归属期作为确认收入和费用的依据。凡是当期已经实现的收入和已经发生或应当负担的费用，不论款项是否收付，都应当作为当期的收入和费用；凡是不属于当期的收入和费用，即使款项已在当期收付，也不应当作为当期的收入和费用。会计准则要求企业的会计核算以权责发生制为基础。

　　收付实现制又称现收现付制、现金制，是与权责发生制相对应的一种确认基础，是以实际收付现金作为确认收入和费用的依据。凡是本期实际收到款项的收入和付出款项的费用，不论其是否归属本期，都作为本期的收入和费用处理。

　　目前，我国企业单位、事业单位的经营业务采用权责发生制；行政单位、事业单位除经营业务外的其他业务采用收付实现制。

配比原则是根据收入与费用的内在联系,要求企业将一定期间内的收入与为取得收入所发生的费用在同一期间进行确认和计量。

配比原则有两层含义:因果配比和期间配比。

收益性支出是指企业所发生的支出仅与一个会计期间的收益相关,比如说购买办公用品支出、支付当月工资等。收益性支出计入当期损益。

资本性支出指的是企业发生的支出不仅仅与一个会计期间的收益相关,而且是和一个以上的会计期间相关。比如构建厂房,在使用寿命内,企业的收益都和该项支出有关。资本性支出计入资产价值。

自我训练

一、单项选择题

1. 会计的基本职能是( )。
   A. 反映和考核　　　　　　　　B. 核算和监督
   C. 预测和决策　　　　　　　　D. 分析和管理
2. 配比原则是指( )。
   A. 收入与支出的相互配比　　　B. 收入与其相关的成本费用相互配比
   C. 收入与成本的相互配比　　　D. 收入与效益性的支出相互配比
3. 下列支出属于资本性支出的是( )。
   A. 固定资产日常修理费　　　　B. 生活生产日常耗用的水电费
   C. 购买机器设备支出　　　　　D. 生产工人工资及附加费
4. 下列哪项是会计核算的基本前提( )。
   A. 会计主体　　　　　　　　　B. 谨慎性原则
   C. 真实性原则　　　　　　　　D. 客观性原则
5. 下列方法不属于会计核算方法的是( )。
   A. 成本计算　　　　　　　　　B. 成本分析
   C. 财产清查　　　　　　　　　D. 复式记账
6. 收益性支出是指( )。
   A. 支出的效益与以前会计年度相关
   B. 支出的效益与以后会计年度相关
   C. 支出的效益与一个会计年度相关
   D. 支出的效益与几个会计年度相关
7. 会计核算的基本假设亦称为( )。
   A. 会计前提　　　　　　　　　B. 会计分期
   C. 会计实体　　　　　　　　　D. 会计准则
8. 资本性支出是指( )。
   A. 支出的效益与以前会计年度相关
   B. 支出的效益与一个会计年度相关
   C. 支出的效益与几个会计年度相关

C. 支出的效益与本会计年度相关
9. 按照权责发生制的原则,下列收入应作为本期收入的是(　　)。
   A. 收到上月产品销售收入存入银行
   B. 预收下月产品销售收入存入银行
   C. 本月销售产品收入存入银行
   D. 上月利息收入存入银行
10. 按权责发生制的原则下列支出应作为本期支出的是(　　)。
    A. 用银行存款支付上月电费　　B. 用银行存款支付前欠电费
    C. 用银行存款支付下月电费　　D. 用银行存款支付本月电费
11. 下面关于会计核算叙述不正确的是(　　)。
    A. 核算职能通过确认、计量、记录和报告等具体活动而实现
    B. 核算职能实现的过程又具体体现为记账和报账
    C. 会计核算以货币为主要计量单位
    D. 具有全面性、连续性、系统性
12. 下面关于会计主体叙述不正确的是(　　)。
    A. 明确了会计核算的空间范围　　B. 可以是单一企业,也可以是集团公司
    C. 可以是独立法人,也可以是非法人　D. 明确了会计核算的时间范围
13. 根据《企业会计准则》的规定,下列时间段中,不作为会计期间的是(　　)。
    A. 年度　　　　　　　　　　　　B. 半月
    C. 季度　　　　　　　　　　　　D. 月度
14. 不属于会计信息质量要求的是(　　)。
    A. 真实性　　　　　　　　　　　B. 可比性
    C. 历史成本　　　　　　　　　　D. 及时性
15. 会计分期假设规定了会计核算的(　　)。
    A. 时间范围　　　　　　　　　　B. 空间范围
    C. 成本开支范围　　　　　　　　D. 期间费用范围

二、多项选择题

1. 现代会计的职能主要包括(　　)。
   A. 监督　　　　　　　　　　　　B. 编制报表
   C. 核算　　　　　　　　　　　　D. 参与经营决策
2. 借贷记账法下,账户的贷方能够表示(　　)。
   A. 实收资本的增加　　　　　　　B. 短期借款的增加
   C. 预收账款的增加　　　　　　　D. 预付账款的增加
3. 下列属于会计核算基本前提的是(　　)。
   A. 持续经营　　　　　　　　　　B. 客观真实
   C. 会计主体　　　　　　　　　　D. 及时有用
4. 下列属于会计核算方法的是(　　)。
   A. 设置账户　　　　　　　　　　B. 财产清查
   C. 填制和审核凭证　　　　　　　D. 登记账簿

5. 会计最基本的职能是（　　）。
   A. 监督职能　　　　　　　　B. 核算职能
   C. 计算职能　　　　　　　　D. 计量职能
6. 会计核算所运用的计量单位有（　　）。
   A. 货币计量　　　　　　　　B. 实物计量
   C. 质量计量　　　　　　　　D. 劳动计量
7. 会计核算基础包括（　　）。
   A. 会计分期　　　　　　　　B. 货币计量
   C. 收付实现制　　　　　　　D. 权责发生制
8. 下列属于会计期间的"中期"的是（　　）。
   A. 会计旬度　　　　　　　　B. 会计月度
   C. 会计季度　　　　　　　　D. 会计半年度
9. 下列属于会计核算方法的是（　　）。
   A. 设置账户　　　　　　　　B. 登记会计账簿
   C. 填制审核凭证　　　　　　D. 编制会计报表
10. 关于会计基本职能间的关系正确的说法是（　　）。
    A. 核算职能是监督职能的基础
    B. 没有核算职能提供可靠的信息，监督职能就没有客观依据
    C. 监督职能是核算职能的保证
    D. 没有监督职能做保证，会计核算也不可能提供真实可靠的会计信息

三、判断题

1. 会计是以商品为主要计量单位，反映和监督单位经济活动的一种经济管理工作。（　　）
2. 以货币为主要计量单位，通过确认、计量、记录、计算报告等环节，对特定主体的经济活动进行记账、算账、报账，为有关方面提供会计信息的功能是会计监督职能。（　　）
3. 权责发生制原则是以收入权利的形成期和费用义务的发生期为标准来确认收入和费用归属期的。（　　）
4. 会计以货币作为主要计量单位。（　　）
5. 会计主体不一定是法律主体，法律主体一定是会计主体。（　　）
6. 会计核算具有连续性，而会计监督只具有强制性。（　　）
7. 持续经营和会计分期确定了会计核算的空间范围。（　　）
8. 会计的职能只有两个，即核算与监督。（　　）
9. 会计的对象是指社会再生产过程中能用货币表现的经济活动。（　　）
10. 会计要素是对会计对象所做的基本分类。（　　）

四、名词解释

会计循环　会计主体　持续经营　会计分期　货币计量　权责发生制　收付实现制

五、思考题

1. 什么是会计？会计的定义里反映了哪些方面的问题？
2. 会计的基本职能是什么？会计两个基本职能间的关系是什么？

3. 会计核算的特点有哪些?
4. 会计向谁提供信息,提供什么信息,以什么方式提供信息?
5. 什么是会计对象?
6. 会计核算方法有哪些?
7. 什么是会计核算的基本前提?包括哪几方面的内容?
8. 会计信息质量要求有哪些?

参考答案

一、单项选择题
1. B 2. B 3. C 4. A 5. B 6. C 7. A 8. C 9. C 10. D
11. B 12. D 13. B 14. C 15. A

二、多项选择题
1. ACD 2. ABC 3. AC 4. ABCD 5. AB
6. ABD 7. CD 8. BCD 9. ABCD 10. ABCD

三、判断题
1. × 2. × 3. √ 4. √ 5. √ 6. × 7. × 8. × 9. √ 10. √

四、名词解释

会计循环是指在连续的会计期间,周而复始地按照一定的步骤,顺序运用上述会计核算方法进行会计处理的全过程。

会计主体又称会计实体、会计个体,是指会计信息所反映的特定单位。

持续经营是指在可以预见的将来,企业将会按照当前的规模和状态继续经营下去,不会停业,也不会大规模削减业务。

会计分期又称会计期间,是指将一个企业持续经营的生产经营活动划分为一个个连续的、长短相同的期间,以便于分期提供会计信息。

货币计量是指会计主体在会计核算过程中采用货币作为计量单位,计量、记录和报告会计主体的生产经营活动。

权责发生制又称应收应付制、应计制,是以收入权利的形成期和费用义务的归属期作为确认收入和费用的依据。凡是当期已经实现的收入和已经发生或应当负担的费用,不论款项是否收付,都应当作为当期的收入和费用;凡是不属于当期的收入和费用,即使款项已在当期收付,也不应当作为当期的收入和费用。

收付实现制又称现收现付制、现金制,是与权责发生制相对应的一种确认基础,是以实际收付现金作为确认收入和费用的依据。凡是本期实际收到款项的收入和付出款项的费用,不论其是否归属本期,都作为本期的收入和费用处理。

五、思考题

1. 会计是以货币为主要计量单位,采用一系列专门方法,对企业、事业、机关团体等单位的经济活动进行全面、连续、系统地核算和监督,向会计信息使用者提供会计信息,促使单位提高经济效益的一种经济管理活动。

会计的定义里涵盖了以下内容:
(1)会计主体是企业、事业、机关团体等单位。
(2)会计客体(会计的对象)是经济活动。
(3)会计的主要计量尺度(显著特征)是货币计量。
(4)会计的手段是要采用专门方法。
(5)会计的任务是提供会计信息,参与企业的经营管理,促使单位提高经济效益。
(6)会计的本质是经济管理活动。
(7)会计的基本职能是核算和监督。
(8)会计的服务对象是会计信息使用者。

2. 会计的基本职能是核算(反映)和监督。会计核算和监督职能两者是密切结合、相辅相成的。核算是基础,没有核算,监督就无依据。监督是保证,没有监督就不能保证提供真实可靠的会计信息。因此,只有在正确核算的同时严格监督,才能成为管理经济提供真实可靠的会计信息,才能发挥会计的作用。

3. 会计核算的特点:会计核算以货币为主要计量单位;具有可验证性;具有全面性、连续性、系统性。

4. 会计应向会计信息使用者提供会计信息,会计信息使用者包括投资者、债权人、政府有关部门、企业管理者、社会公众等。

企业会计准则规定,企业向财务会计报告使用者提供与企业财务状况、经营成果和现金流量等有关的会计信息,反映企业管理层受托责任履行情况,有助于财务会计报告使用者做出经济决策。

投资者需要了解和掌握企业的经营能力和获利能力等情况,有助于做出投资决策。

政府有关部门需要了解各单位的经济活动,通过各单位会计信息的汇总分析,做出宏观调控的决策。

债权人需要了解和掌握企业的运营情况,了解债务人的偿债能力等会计信息,以便做出信贷决策。

企业管理者需要了解单位的经济活动情况,通过运用会计信息,对日常的经济活动进行控制,以便及时发现问题,进行经营决策。

社会公众需要通过会计信息了解企业的发展趋势、经营范围、财务状况、获利能力等方面的信息,据以做出是否进行投资等经济决策。

5. 会计对象又称会计客体,是指会计反映和监督的内容。会计核算和监督的内容是能用货币计量的那些经济活动。会计的对象也可以说是社会再生产过程中的资金运动。

6. 会计核算方法是指会计对企业、事业、机关团体等单位的经济活动进行连续、系统、全面地确认、计量、记录和报告所采用的方法。具体包括:设置账户、复式记账、填制和审核凭证、登记账簿、成本计算、财产清查和编制财务报告。

7. 会计核算的基本前提是对会计核算所处经济环境在时间、空间范围上所做的合理设定,又称为会计假设。会计核算的基本前提包括会计主体、持续经营、会计分期和货币计量。

8. 会计信息质量要求是会计核算工作的基本规范,也是会计核算工作的基本要求,会计信息质量的高低是评价会计工作成败的标准。会计信息质量要求主要包括客观性、相关性、明晰性、可比性、实质重于形式、重要性、谨慎性和及时性等。

第 2 章

会计要素和会计等式

知识点概要

2.1 会 计 要 素

会计要素是对会计对象的基本分类,是会计对象的具体化,是反映会计主体的财务状况和经营成果的基本单位。

我国企业会计要素划分为:资产、负债、所有者权益、收入、费用和利润。

资产是企业过去的交易或者事项形成的、由企业拥有或者控制的预期会给企业带来经济利益的资源。

资产的特征:资产是由于过去交易或事项所产生的现实权利是企业拥有或者控制的,预期能为企业带来未来经济利益。

资产按照流动性可分为流动资产和非流动资产。

流动资产是指可以在一年或超过一年的一个正常营业周期内变现或耗用的资产。主要包括货币资金(如现金、银行存款等)、交易性金融资产、应收票据、应收账款、预付账款、应收利息、应收股利、其他应收款、存货(如原材料、在产品、产成品、库存商品、包装物、低值易耗品等)、一年内到期的非流动资产等。

非流动资产是指超过一年或一个营业周期变现或耗用的资产。主要包括可供出售的金融资产、持有至到期的投资、长期应收款、长期股权投资、投资性房地产、固定资产、在建工程、工程物资、无形资产与长期待摊费用等。

资产是企业从事生产经营活动的物质基础,企业生产经营的过程实际上就是资产的运用、耗费与新资产的获取过程,没有资产,生产经营活动就不能进行。

负债是企业过去的交易或者事项形成的、预期会导致经济利益流出企业的现实义务。

负债的特征:负债是由于过去交易或事项所形成的现时债务,负债需要企业在将来用资产或劳务加以清偿,通过负债的清偿,将导致企业未来经济利益的流出。

负债分为流动负债和非流动负债。

流动负债是指在一年(含一年)或者超过一年的一个营业周期内需要偿还的债务,包括短期借款、交易性金融负债、应付票据、应付账款、预收账款、应付职工薪酬、应交税费、应付利息、应付股利和其他应付款等。

非流动负债是指偿还期在一年或超过一年的一个营业周期以上的债务,包括长期借款、应付债券、长期应付款等。

所有者权益是指企业资产扣除负债后由所有者享有的剩余权益。

所有者权益包括所有者投入的资本,直接计入所有者权益的利得和损失、留存收益等。

负债和所有者权益同是权益,都是资产的来源,但却是不同的两个概念,具体表现为:责任不同、权利不同、风险不同。

收入是指企业在日常活动中所形成的、会导致所有者权益增加的、与所有者投入资本无关的经济利益的总流入。

收入的特征:收入从企业的日常活动中产生,而不是从偶发的交易或事项中产生;收入意味着资产的增加,或者表现为负债的减少,或者二者兼而有之;收入最终能导致企业所有者权益的增加;收入只包括本企业经济利益的流入,而不包括为第三者或客户代收的款项。

狭义的收入包括主营业务收入、其他业务收入和投资收益等。广义的收入还包括利得,即营业外收入。

费用是企业在日常活动中发生的、会导致所有者权益减少的、与向所有者分配利润无关的经济利益的总流出。

费用的特征:费用产生于过去的交易或事项;费用可能表现为资产的减少,也可能表现为负债的增加,或者是两者兼而有之;费用能够导致所有者权益的减少。

费用具体包括营业成本、营业税金和期间费用等。期间费用应当全部计入本期损益。

期间费用包括销售费用、管理费用和财务费用。销售费用是指企业在销售商品活动中发生费用以及专设销售机构的各项经费。包括销售商品过程中的运输费、装卸费、包装费、保险费、广告宣传费等。管理费用是指企业为组织和管理生产经营活动而发生的各项费用,包括行政管理人员的工资、办公费、工会经费、劳动保险费、业务招待费、董事会费、房产税、车船使用税和职工教育经费等。财务费用是指企业为了筹集生产经营所需资金而发生的各项费用,包括利息支出、外币汇兑损失以及相关的手续费等。

利润是企业在一定会计期间的经营成果。利润包括收入减去费用后的净额、直接计入当期利润的利得和损失等。

利润具体包括营业利润、利润总额和净利润。

2.2 会 计 等 式

会计等式是表明各会计要素之间基本关系的恒等式。会计等式是设置账户、复式记账和编制资产负债表的理论依据。

权益是资产的提供者对企业资源的索偿权(资产提供者对企业的要求权)。资产和权益是同一事物的两个方面:一方面是归企业所有的一系列财产(资产),另一方面是对这些财产的一系列所有权(权益)。而且,由于权益要求表明资产的来源,而全部来源又必与全部资产相等,所以形成以下等式

$$资产=权益$$

权益通常分为两种:以投资者的身份向企业投入资产而形成的所有者权益和以债权人的身份向企业提供资产而形成的债权人权益或负债。上述等式又可表达为

$$资产=负债+所有者权益$$

这是基本的会计等式,表明了某一会计主体特定时点所拥有的各种资产,同时也表明了这些资产的归属关系,即揭示了企业的产权关系,或是企业资产的归属关系。

会计等式也可以表述为

$$资产-负债=所有者权益$$

此公式表明了负债的求偿能力高于所有者权益,所有者权益是企业全部资产抵减全部负债后的剩余部分,因此,所有者权益也被称为"剩余权益"。

利润是随着费用的产生和收入的实现而实现的,因此有以下关系式

$$利润=收入-费用$$

基本的会计等式可表示为

$$资产=负债+所有者权益+利润$$

上述等式变为
$$资产=负债+所有者权益+(收入-费用)$$

这就是扩展的会计等式或称动态的会计等式。

该等式也可表示为
$$资产+费用=负债+所有者权益+收入$$

到了会计期末,当利润分配或亏损弥补后,即利润转化为负债、所有者权益,又形成了
$$资产=负债+所有者权益$$

企业在生产经营活动中,不断发生的各种经济业务活动会对有关的会计要素产生影响,但是却不破坏上述等式的恒等关系。

经济业务的基本类型可以归纳为两大类:

第一大类,会计事项只涉及等式一边,使得等式一边有关项目有增有减,增减金额相等。

第二大类,会计事项发生涉及会计等式两边,导致等式两边同增同减,金额相等,等式关系不变。

经济业务类型具体分为九小类,如图2.1所示。

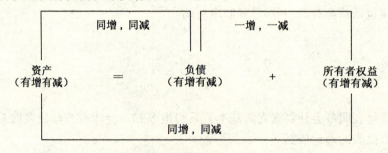

图2.1 经济业务类型

经济业务不论怎样变化,都不能破坏会计等式。

自我训练

一、单项选择题

1. 所有者权益和负债都是(   )。
   A. 未分配利润   B. 权益
   C. 长期负债   D. 流动负债

2. 利润是指企业在一定期间的(   )。
   A. 财务状况   B. 营业利润
   C. 经营成果   D. 经营收入

3. 某企业资产总额 1 000 万,本月发生以下业务:(1)向银行借款 100 万元存入银行;(2)用银行存款偿还应付账款 50 万元。其权益总额应为(   )。
   A. 1 150 万元   B. 1 050 万元
   C. 1 000 万元   D. 1 100 万元

4. (   )是对会计对象进行的基本分类,是会计对象的具体化。

A. 经济活动　　　　　　　　　　B. 会计科目
　　C. 会计要素　　　　　　　　　　D. 会计账户
5. 引起资产和权益同时增加的业务有(　　)。
　　A. 用银行存款偿还银行借款　　　B. 将资本公积金转增资本
　　C. 从银行借款存入开户银行　　　D. 收回某单位欠款存入银行
6. 按企业会计准则规定为了正确划分收入、费用的归属期,应遵守的原则是(　　)。
　　A. 权责发生制　　　　　　　　　B. 收付实现制
　　C. 永续盘存制　　　　　　　　　D. 实地盘存制
7. 企业于4月初用银行存款1 200元支付第二季度房租,4月末仅将其中的400元计入本月费用,这符合(　　)。
　　A. 配比原则　　　　　　　　　　B. 权责发生制原则
　　C. 收付实现制原则　　　　　　　D. 历史成本原则
8. 下列各项目中属于流动资产的是(　　)。
　　A. 管理费用　　　　　　　　　　B. 固定资产
　　C. 无形资产　　　　　　　　　　D. 应收账款
9. 以下等式属于会计等式的是(　　)。
　　A. 资产 = 所有者权益　　　　　　B. 资产 = 负债
　　C. 资产 = 负债-所有者权益　　　 D. 资产 = 权益
10. 反映企业经营成果的会计要素,也称为动态会计要素,下列项目不属于动态会计要素的是(　　)。
　　A. 收入　　　　　　　　　　　　B. 成本
　　C. 费用　　　　　　　　　　　　D. 利润
11. 下列项目不属于非流动负债的是(　　)。
　　A. 应付票据　　　　　　　　　　B. 应付债券
　　C. 长期借款　　　　　　　　　　D. 长期应付款
12. 下列项目不属于企业会计要素的是(　　)。
　　A. 资产　　　　　　　　　　　　B. 所有者权益
　　C. 收入　　　　　　　　　　　　D. 成本
13. 某企业向银行借款100万元用于偿还前欠外单位货款,该项经济业务将引起企业(　　)。
　　A. 资产增加100万元　　　　　　 B. 负债增加100万元
　　C. 资产与负债同时增加100万元　 D. 负债总额不变
14. 下列费用当中不属于期间费用的是(　　)。
　　A. 管理费用　　　　　　　　　　B. 制造费用
　　C. 财务费用　　　　　　　　　　D. 销售费用
15. 用银行存款购买原材料的业务对会计要素的影响是(　　)。
　　A. 资产增加　　　　　　　　　　B. 资产减少
　　C. 资产不变　　　　　　　　　　D. 资产内部项目一个增加一个减少
16. 企业资产扣除负债后由所有者享有的剩余权益称为(　　)。

A. 资产 B. 权益
C. 负债 D. 所有者权益

17. 反映企业财务状况的会计要素是(　　)。
    A. 负债 B. 收入
    C. 费用 D. 利润

18. 若某企业资产总额为 120 000 元,负债总额为 50 000 元,则权益总额为(　　)。
    A. 120 000 元 B. 50 000 元
    C. 70 000 元 D. 170 000 元

19. 用银行存款上交税金会引起(　　)。
    A. 一项资产减少,一项所有者权益减少
    B. 一项资产减少,一项资产增加
    C. 一项负债减少,一项资产减少
    D. 一项资产增加,一项负债减少

20. 用银行存款偿还货款的业务对会计要素的影响是(　　)。
    A. 资产和所有者权益同时增加
    B. 资产和所有者权益同时减少
    C. 资产和负债同时减少
    D. 资产和负债同时增加

二、多项选择题

1. 在下列经济业务中,属于资产与权益同时增加的有(　　)。
   A. 向银行借入款项存入银行 B. 采购材料验收入库
   C. 购进商品货款未付 D. 收到投资存入银行

2. 下列关于资产的叙述正确的是(　　)。
   A. 必须是企业拥有或者控制的
   B. 必须能为企业带来经济利益
   C. 必须是可用货币计量的
   D. 必须存放在企业

3. 下列经济业务中,能同时引起资产和权益减少的有(　　)。
   A. 收回欠款 B. 偿还欠款
   C. 上缴税款 D. 用银行借款偿还应付账款

4. 收入的实现可能引起(　　)。
   A. 资产的增加 B. 所有者权益的增加
   C. 负债的减少 D. A 和 C 兼而有之

5. 以下属于收入要素的有(　　)。
   A. 营业外收入 B. 商品销售收入
   C. 提供劳务收入 D. 让渡资产使用权收入

6. 下列项目中,属于流动资产的有(　　)。
   A. 库存现金 B. 预付账款
   C. 银行存款 D. 无形资产

7. 某企业月初资产总额为50万元,本月发生下列业务:①向银行借款30万元存入银行;②用银行存款购买材料2万元;③收回应收账款8万元存入银行;④以银行存款偿还借款6万元,则月末资产总额不正确的为(　　)万元。
   A. 80　　　　B. 74　　　　C. 82　　　　D. 72
8. 下列经济业务中,会引起会计恒等式两边同时发生增减变动的是(　　)。
   A. 用银行存款偿还前欠应付货款　　B. 购进材料未付款
   C. 从银行提取库存现金　　D. 向银行借款,存入银行
9. 下列项目属于企业经营成果会计要素的是(　　)。
   A. 主营业务收入　　B. 其他业务收入
   C. 营业外收入　　D. 管理费用
10. 下列经济业务会引起负债增加的是(　　)。
    A. 购入材料,款项未付　　B. 从银行提取现金备发工资
    C. 以银行存款上交增值税　　D. 从银行借入一年期的借款

三、判断题

1. 资产=负债+所有者权益是最基本的会计等式。（　　）
2. 取得银行借款并存入银行,会引起资产和负债同时增加。（　　）
3. 企业收回以前的销货款存入银行,这笔业务的发生意味着资产总额增加。（　　）
4. 企业的债务必须在将来用货币资产或实物资产偿还。（　　）
5. 企业发生任何经济业务都不会影响会计等式。（　　）
6. 企业发生任何经济业务,会计等式的左右两方的金额永远不变,故等式恒等。（　　）
7. 企业经济利益的总流入统称为收入。（　　）
8. 流动资产是指可以在一年或超过一年的一个营业周期内变现或耗用的资产。（　　）
9. 收入最终表现为所有者权益的增加。（　　）
10. 费用的发生会使得企业的资产减少同时负债增加。（　　）
11. 资产包括过去和未来的交易或事项形成的经济资源。（　　）
12. 会计要素中既有反映财务状况的要素,又有反映经营成果的要素。（　　）
13. 所有者权益是指企业投资人对企业资产的所有权。（　　）
14. 负债一般有规定的偿还期,所有者权益没有偿还期。（　　）
15. 企业用存款购买材料的业务会引起等式左右两方会计要素发生一增一减的变化。（　　）

四、名词解释

会计要素　资产　负债　所有者权益　收入　费用　利润　销售费用　管理费用　财务费用　权益

五、简答题

1. 我国《企业会计准则》中规定了企业有哪些会计要素?
2. 什么是资产?资产有哪些特征?
3. 什么是负债?负债有哪些特征?
4. 什么是所有者权益?所有者权益包括什么内容?
5. 什么是收入?收入有哪些特征?
6. 什么是费用?费用有哪些特征?

7. 利润的构成内容有哪些？

8. 什么是会计等式？经济业务发生对会计等式产生什么样的影响？

六、业务题

（一）【目的】练习会计要素的分类，掌握会计要素间的关系。

【资料】某企业月末各项目资料如下：

(1) 所有者投入资本 500 000 元；

(2) 银行存款 12 000 元；

(3) 库存现金 1 500 元；

(4) 机器设备价值 200 000 元；

(5) 应收外单位货款 20 000 元；

(6) 向银行借入 3 年期的借款 200 000 元；

(7) 单位的房屋及建筑物 500 000 元；

(8) 向银行借入 6 个月的借款 100 000 元；

(9) 应付外单位货款 80 000 元；

(10) 仓库里存放的原材料 50 000 元；

(11) 正在加工中的产品 50 000 元；

(12) 应交未交的税金 9 500 元；

(13) 库里存放的产成品 56 000 元。

【要求】

(1) 判断上述资料中各项目的类别，将各项目金额填入表中。

(2) 计算资产、负债、所有者权益各要素金额合计。

序号	金 额		
	资产	负债	所有者权益
合计			

(二)【目的】练习会计要素之间的关系。

【资料】某企业20××年12月31日资产、负债和所有者权益的情况如下表所示：

资产	金额	负债及所有者权益	金额
库存现金	1 000	短期借款	10 000
银行存款	30 000	应付账款	32 000
应收账款	32 000	应交税金	9 000
原材料	53 000	长期借款	B
固定资产	A	实收资本	240 000
无形资产	200 000		
合　计	378 000	合　计	C

【要求】

(1)计算表中的A、B、C；

(2)计算该企业的净资产总额。

(三)【目的】分析经济业务的类型。

【资料】某企业20××年12月发生的经济业务见下表：

序号	经济业务	类型
1	银行存款购买材料(不考虑增值税)	一项资产增加,另一项资产减少
2	用银行存款偿还前欠A单位购货款	
3	向银行借入长期借款存入银行	
4	收到所有者投入的设备	
5	用银行存款归还短期借款	
6	用银行借款归还前欠B单位货款	
7	用银行存款缴纳所得税	
8	从银行提取现金	
9	前欠某公司货款,转作对本公司的投资	
10	将盈余公积转增资本	

【要求】判断经济业务类型,填入表中。

参考答案

一、单项选择题

1. B 2. C 3. B 4. C 5. C 6. A 7. B 8. D 9. D 10. B
11. A 12. D 13. D 14. B 15. D 16. D 17. A 18. A 19. C 20. C

二、多项选择题

1. ACD 2. ABC 3. BC 4. ABCD 5. BCD
6. ABC 7. ACD 8. ABD 9. ABD 10. ACD

三、判断题

1. √ 2. √ 3. × 4. × 5. × 6. × 7. × 8. √ 9. √ 10. ×
11. × 12. √ 13. × 14. √ 15. ×

四、名词解释

　　会计要素是对会计对象的基本分类,是会计对象的具体化,是反映会计主体的财务状况和经营成果的基本单位。

　　资产是企业过去的交易或者事项形成的、由企业拥有或者控制的、预期会给企业带来经济利益的资源。

　　负债是企业过去的交易或者事项形成的、预期会导致经济利益流出企业的现实义务。

　　所有者权益是指企业资产扣除负债后由所有者享有的剩余权益。

　　收入是指企业在日常活动中所形成的、会导致所有者权益增加的、与所有者投入资本无关的经济利益的总流入。

　　费用是指企业在日常活动中发生的、会导致所有者权益减少的、与向所有者分配利润无关的经济利益的总流出。

　　利润是企业在一定会计期间的经营成果。

　　销售费用是指企业在销售商品活动中发生费用以及专设销售机构的各项经费。

　　管理费用是指企业为组织和管理生产经营活动而发生的各项费用。

　　财务费用是指企业为了筹集生产经营所需资金而发生的各项费用。

　　权益是指资产的提供者对资产的要求权。

五、简答题

　　1. 我国《企业会计准则》将企业的会计要素划分为资产、负债、所有者权益、收入、费用及利润六大要素。

　　2. 资产是企业过去的交易或者事项形成的、由企业拥有或者控制的、预期会给企业带来经济利益的资源。

　　资产的特征:资产是由于过去交易或事项所产生的现实权利;资产是企业拥有或者控制的;资产预期能为企业带来未来的经济利益。

　　3. 负债是企业过去的交易或事项形成的,预期会导致经济利益流出企业的现实义务。

　　负债的特征:负债是由于过去交易或事项所形成的现时债务;负债需要企业在将来用资产或劳务加以清偿。

　　4. 所有者权益是指企业资产扣除负债后由所有者享有的剩余权益。所有者权益表明了企业的产权关系,即企业是归谁所有。

　　所有者权益包括所有者投入的资本、直接计入所有者权益的利得和损失、留存收益等。

　　5. 收入是指企业在日常活动中所形成的、会导致所有者权益增加的、与所有者投入资本无关的经济利益的总流入。

　　收入具有以下特征:收入从企业的日常活动中产生,而不是从偶发的交易或事项中产生;收入意味着资产的增加,或者表现为负债的减少,或者二者兼而有之;收入最终能导致企业所有者权益的增加。

收入只包括本企业经济利益的流入,而不包括为第三者或客户待收的款项。

6. 费用是企业在日常活动中发生的、会导致所有者权益减少的、与向所有者分配利润无关的经济利益的总流出。

费用具有以下特征:费用产生于过去的交易或事项;费用可能表现为资产的减少,也可能表现为负债的增加,或者是两者兼而有之;费用能够导致所有者权益的减少。

7. 利润包括收入减去费用后的净额、直接计入当期利润的利得和损失。具体包括营业利润、利润总额和净利润。利润金额取决于收入和费用、直接计入当期利润的利得和损失金额的计量。

8. 会计等式又称会计平衡公式、会计恒等式,是表明各会计要素之间基本关系的恒等式。

经济业务的发生会对有关的会计要素产生影响,但是却不破坏上述等式的恒等关系。

经济业务对会计等式的影响可以归纳为:

(1)经济业务的发生只影响等式一边,使得等式一边有关项目有增有减,增减金额相等,等式关系不变。

(2)经济业务的发生会涉及会计等式两边,导致等式两边有关项目同增同减,金额相等,等式关系不变。

六、业务题

(一)

序号	金额		
	资产	负债	所有者权益
(1)			500 000
(2)	12 000		
(3)	1 500		
(4)	200 000		
(5)	20 000		
(6)		200 000	
(7)	500 000		
(8)		100 000	
(9)		80 000	
(10)	50 000		
(11)	50 000		
(12)		9 500	
(13)	56 000		
合计	889 500	3 890 500	500 000

(二)

A=378 000-1 000-30 000-32 000-53 000-200 000=62 000

C=378 000

B=378 000-10 000-32 000-9 000-240 000=87 000

（三）

序号	经济业务	类型
1	银行存款购买材料（不考虑增值税）	一项资产增加，另一项资产减少
2	用银行存款偿还前欠A单位购货款	一项资产减少，一项负债减少
3	向银行借入长期借款存入银行	一项资产增加，一项负债增加
4	收到所有者投入的设备	一项资产增加，一项所有者权益增加
5	用银行存款归还短期借款	一项资产减少，一项负债减少
6	用银行借款归还前欠B单位货款	一项负债增加，另一项负债减少
7	用银行存款缴纳所得税	一项资产减少，一项负债减少
8	从银行提取现金	一项资产增加，另一项资产减少
9	前欠某公司货款，转作对本公司的投资	一项所有者权益增加，一项负债减少
10	将盈余公积转增资本	一项所有者权益增加，另一项所有者权益减少

第 3 章

账户和复式记账

知识点概要

3.1　会计科目

会计科目是对会计要素具体内容进行分类核算和监督的项目,设置会计科目,就是对会计要素的具体内容进行分类,并为每个类别取一个名称。设置会计科目是会计核算方法之一,是完成会计核算任务的基础工作。

会计科目的设置应结合会计对象的具体内容和特点,符合会计目标的要求,统一性与灵活性相结合,保持相对稳定,会计科目名称应简单明确。

会计科目的分类:按反映的经济内容可以分为资产类、负债类、所有者权益类、成本类和损益类五大类,损益类科目还可以划分为收入类和费用类两小类。这种分类是一种基本的分类方式,是了解会计科目性质的最直接依据。

按提供信息的详细程度分类可以分为总分类科目和明细分类科目。

总分类科目(一级科目或总账科目)是对会计要素的具体内容进行总括分类的项目,是进行总分类核算的依据,所提供的是总括的信息。

明细分类科目(明细科目或细目)是对总分类科目反映的经济内容进行详细分类的科目,是进行明细分类核算的依据,所提供的是详细的信息。

二级科目(子目),当总分类科目下设置的明细科目太多时,可以在总分类科目和明细分类科目之间增设二级科目,提供信息的详细程度比总分类科目详细,比明细科目概括,二级科目属于明细科目。

每个单位必须设置总分类科目、明细分类科目,但是并不是所有的总分类科目都需要设置明细分类科目,二级科目根据需要设置。

总分类科目原则上由国家财政部门统一制定,企业应当按照企业会计准则、会计制度的规定,设置会计科目进行账务处理,在不违反统一规定的前提下,可以根据本企业的实际情况自行增设、分拆、合并会计科目。不存在的交易或者事项,可以不设置相关的会计科目。

3.2　账　户

账户是根据会计科目设置的,具有一定格式和结构,用于分类反映会计要素各项目增减变动情况及其结果的载体。账户是对会计要素具体内容进行分类核算和监督的工具。

账户与会计科目的关系:会计科目与账户是既有联系又有区别的两个概念。

联系:账户是根据会计科目开设的,会计科目的名称就是账户的名称;二者反映的经济内容相同。

区别:会计科目是对会计要素具体内容进行分类核算和监督的项目,是进行分类核算的依据,没有结构,不能记录经济业务;账户是对会计要素具体内容进行分类核算和监督的工具,账户有结构,可以记录经济业务。

在实际工作中,对账户和会计科目一般不做严格区分,作为同义语互相通用。

账户的结构是指账户的组成内容。在实际工作中,账户的具体结构各式各样,但一般来

说,任何一种账户的结构都应该包括以下内容:
①账户名称。账户的名称即是会计科目。
②日期和凭证号数。日期是经济业务发生的日期,凭证号数是作为登记账户的来源和依据的记账凭证的编号。
③摘要。用来概括地说明经济业务的内容。
④金额。即增加额、减少额和余额。

账户的基本结构:账户中登记增加额、减少额、余额的三部分。用来登记增加额、减少额并反映增减变动的结果(结余)。

账户的基本结构通常用T型账户(丁字账)来表示,在账户中一方登记增加,另一方登记减少,具体到哪一方登记增加额,哪一方登记减少额,取决于账户所记录经济业务和账户的性质。

账户的四个金额要素:期初余额、本期增加额、本期减少额和期末余额。一般情况下四个金额要素的关系如下:

$$期末余额=期初余额+本期增加额+本期减少额$$

账户的设置:
①按照反映的经济内容的不同,账户划分为资产类、负债类、所有者权益类、共同类、成本类和损益类。每一大类下面又有若干个账户,每个账户都记录某一特定的经济内容,具有一定的结构和格式。
②按提供信息的详细程度的不同,账户分为总分类账户和明细分类账户。

总分类账户又称一级账户,简称总账,提供的是总括的信息,一般用货币计量。

明细分类账户简称明细账,用来对总分类账户做进一步分类,提供的是更详细更具体的会计信息,除用货币计量外,有的还用实物计量。

根据需要还可以在总分类账户和明细分类账户之间设置二级账户,提供的信息比总分类账户详细,比明细分类账户概括,二级账户一般使用货币计量。在二级账户下,根据材料品种、规格分设明细账户。

每个单位必须设置总分类账户、明细分类账户,但并不是所有总分类账户都需要设置明细分类账户,二级账户根据需要设置。

通过总分类账户进行的核算称为总分类核算,通过有关明细分类账户进行的核算称为明细分类核算。

3.3 复式记账

复式记账法是指对每一项经济业务都以相等的金额,在两个或两个以上的账户中相互联系地进行登记的一种记账方法。

复式记账法的理论依据:资金运动的内在规律。

复式记账法的作用:能够如实地反映每项经济业务的来龙去脉;可以检查经济业务的记录是否正确,检查经济业务的合法性、合理性;通过全部账户记录结果的试算平衡,可以检查账户记录的正确性。

复式记账法是世界各国公认的一种科学的记账方法,在世界各国得到了广泛的运用。

3.4 借贷记账法

借贷记账法是以"借"和"贷"为记账符号,对发生的经济业务都以相等的金额在两个或两个以上的账户中相互联系地进行登记的一种复式记账法。

1. 记账符号

借贷记账法下,"借"和"贷"作为记账符号,本身没有实际意义,只是表示记账的方向,"借"表示记入账户的借方,"贷"表示记入账户的贷方。

在借贷记账法下,账户的左方为借方,右方为贷方,哪一方反映增加,哪一方反映减少,取决于账户的性质。

2. 账户结构

一般情况下,账户登记增加额的方向与其在会计等式中的方向一致,对于一个账户来说,记入该账户的增加额一般都要大于或等于减少额。因此,正常情况下余额都在增加额所记的方向。

(1) 资产类账户的结构。

借方	资产类账户		贷方
期初余额	×××		
增加额	×××	减少额	×××
	×××		×××
本期发生额	×××	本期发生额	×××
期末余额	×××		

期末借方余额=期初借方余额+本期借方发生额-本期贷方发生额

(2) 负债与所有者权益类账户的结构。

借方	负债与所有者权益类账户		贷方
		期初余额	×××
减少额	×××	增加额	×××
	×××		×××
本期发生额	×××	本期发生额	×××
		期末余额	×××

期末贷方余额=期初贷方余额+本期贷方发生额-本期借方发生额

(3) 成本类账户的结构。

企业在生产经营过程中所发生的成本,在没有作为商品出售并抵消收入之前,体现为企业的在产品和产成品形态,属于企业的资产。因此成本类账户结构与资产类账户结构基本相同。

(4) 损益类账户的结构。

损益类账户分为收入类账户和费用支出类账户,两类账户都是计算经营成果的账户,从会计等式看,收入是费用、支出的补偿来源,即收入减去费用支出的差额为利润。

收入的增加会导致所有者权益增加,因此,收入类账户与所有者权益账户结构基本相同。

费用的增加会导致所有者权益减少,因此,费用类账户与所有者权益类账户结构相反,与资产类账户结构基本相同。

由于损益类账户是计算经营成果的账户,因此,在期末要将账户发生额(净额)转入计算经营成果的账户中,结转以后没有余额。

各类账户的结构归纳如下:

账户结构

账户类别	借方	贷方	余额
资产类	增加	减少	借方
负债类	减少	增加	贷方
所有者权益类	减少	增加	贷方
成本类	增加	减少或结转	借方或者无
收入类	减少或转出	增加	无
费用类	增加	减少或转出	无

根据账户余额所在的方向,可以判断账户的性质。如果是借方余额为资产(有余额的成本)类账户,反之则为负债及所有者权益类账户。因此,如果知道账户的性质,就可以知道该账户哪一方登记增加,哪一方登记减少。

3. 记账规则

借贷记账法的记账规则是"有借必有贷,借贷必相等"。

4. 会计分录

(1)对应关系和对应账户。借贷记账法下,一笔经济业务所涉及的几个账户之间就形成了相互依存的应借、应贷的关系,账户之间这种相互依存的应借、应贷的关系,称为账户的对应关系。

存在对应关系的账户,称为对应账户。

(2)会计分录。会计分录简称分录,预先确定每项经济业务所涉及的账户名称、记账方向和金额的一种记录。编制会计分录是会计工作的初始阶段。

会计分录的要素:账户的名称、借贷方向和记账金额构成了每一个会计分录的三要素。

会计分录的编制步骤:分析经济业务引起的会计要素的增减变动;确定所涉及的账户名称;根据账户结构确定账户的对应关系;确定每一个账户所登记的金额;写出会计分录;检查会计分录中账户名称及记账方向是否正确,金额是否相等。

会计分录分类:可以分为简单分录和复合分录。

简单分录是指由两个账户组成的会计分录,即"一借一贷"的分录。复合分录是由两个以上账户组成的会计分录,即"一借多贷""多借一贷"或"多借多贷"的会计分录。实际上是由若干个简单会计分录组成的,可以分解成若干个简单分录。

在实际工作中,编制会计分录一般是通过编制记账凭证或登记日记账来完成的。

会计分录编制完成后,应根据所编制的会计分录分门别类地登记有关账户。根据会计分录记账以后,还需要进行试算平衡。

5. 试算平衡

试算平衡是以会计等式的平衡原理,按照记账规则的要求,通过对所有账户的发生额和余额的汇总计算和比较,检查账户记录正确性、完整性的一种方法。

试算平衡的时间:月末结算出各账户的本期发生额和期末余额之后。

试算平衡的方式:通过编制账户本期发生额和余额试算平衡表来进行的。

试算平衡包括发生额的试算平衡和余额的试算平衡,存在以下平衡关系:

全部账户本期借方发生额合计=全部账户本期贷方发生额合计

全部账户的期初借方余额合计=全部账户的期初贷方余额合计

全部账户的期末借方余额合计=全部账户的期末贷方余额合计

发生额试算平衡的理论依据是借贷记账法的记账规则。

余额试算平衡的理论依据是会计等式和账户余额所反映的经济内容。

试算平衡表只是通过借贷金额是否平衡来检查账户记录是否正确,如果试算不平衡,可以肯定账户记录或计算有错误,应该采用专门方法进一步查明原因,予以更正。

如果试算平衡,也不能完全肯定账簿记录没有错误,因为有些错误不破坏平衡关系,不能通过试算平衡去发现,对于这些错误需要在日常或定期的复核中发现并更正,以保证账户记录的准确性。

6. 总账与所属明细账

(1)总账与所属明细账的关系。总分类账户是所属明细分类账户的统驭账户,是对明细分类账户的综合,对所属明细分类账户起控制作用;明细分类账户是总分类账户的从属账户,是对总分类账户的具体化,对总分类账户起补充说明作用。它们的核算对象相同,提供的核算资料相互补充,只有将二者结合起来,才能既总括又详细地反映同一项经济内容,因此总分类账户和明细分类账户必须平行登记。

(2)平行登记。平行登记是指对于需要明细核算的经济业务,在有关总分类账户与所属明细分类账户中进行的双重登记。

平行登记的要点是内容相同、方向一致、金额相等。

为检查平行登记结果是否相符,需要根据明细分类账户的本期发生额及余额编制"明细分类账户本期发生额和余额明细表"(明细账试算平衡表)。将表中有关数据与"总分类账户试算平衡表"进行核对,做到平行登记结果相等,存在以下四个平衡关系:

总分类账户期初余额=所属明细分类账户期初余额之和

总分类账户本期借方发生额=所属明细分类账户本期借方发生额之和

总分类账户本期贷方发生额=所属明细分类账户本期贷方发生额之和

总分类账户期末余额=所属明细分类账户期末余额之和

自我训练

一、单项选择题

1. 简单会计分录是指(　　)的会计分录。

  A. 一借多贷   B. 一借一贷

  C. 一贷多借   D. 多借多贷

2. 在复式记账法下,对每项经济业务都应以相等的金额,在(　　)中进行登记。
   A. 两个或两个以上账户　　　　　B. 一个或一个以上账户
   C. 不同的账户　　　　　　　　　D. 两个账户
3. 下列项目不属于总账科目的是(　　)。
   A. 原材料　　　　　　　　　　　B. 甲材料
   C. 应付账款　　　　　　　　　　D. 应收账款
4. 会计科目与账户间的关系,下列表述不正确的是(　　)。
   A. 两者概念相同
   B. 账户和会计科目的名称相同
   C. 没有会计科目,账户就失去了设置依据
   D. 实际工作中,对会计科目和账户往往不加以严格区分,而是相互通用
5. 会计分录的基本要素不包括(　　)。
   A. 记账时间　　　　　　　　　　B. 记账方向
   C. 记账金额　　　　　　　　　　D. 账户名称
6. 以下项目属于资产类账户的是(　　)。
   A. 预收账款　　　　　　　　　　B. 预付账款
   C. 应交税费　　　　　　　　　　D. 应付账款
7. 账户余额的方向一般与(　　)的方向一致。
   A. 借方发生额　　　　　　　　　B. 登记减少额
   C. 不一定　　　　　　　　　　　D. 登记增加额
8. 在借贷记账法下,资产类账户的结构特点是(　　)。
   A. 借方记增加,贷方记减少,余额在借方
   B. 贷方记增加,借方记减少,余额在贷方
   C. 借方记增加,贷方记减少,一般无余额
   D. 贷方记增加,借方记减少,一般无余额
9. 某资产类账户期初余额500元,本期增加1 000元,本期减少550元,期末余额为(　　)。
   A. 借方1 350元　　　　　　　　　B. 贷方450元
   C. 借方950元　　　　　　　　　　D. 贷方1 350元
10. 会计科目是对(　　)的具体内容进行分类核算和监督的项目。
    A. 经济业务　　　　　　　　　　B. 会计主体
    C. 会计对象　　　　　　　　　　D. 会计要素
11. 经济业务发生后,尽量不编制的会计分录是(　　)。
    A. 多借多贷　　　　　　　　　　B. 一借多贷
    C. 多借一贷　　　　　　　　　　D. 一借一贷
12. 以下账户属于负债类账户的是(　　)。
    A. 其他应收款　　　　　　　　　B. 预付账款
    C. 预收账款　　　　　　　　　　D. 应收账款
13. 账户按经济内容分类,属于成本类账户的是(　　)。

A. 生产成本 B. 本年利润
C. 盈余公积 D. 所得税费用

14. 借贷记账法下,可以在账户贷方登记的是( )。
　　A. 资产的增加 B. 负债的减少
　　C. 收入的减少 D. 费用的减少

15. 符合负债类账户记账规则的是( )。
　　A. 增加记借方 B. 增加记贷方
　　C. 减少记贷方 D. 期末无余额

16. 会计科目按其所( )不同,分为总分类科目和明细分类科目。
　　A. 反映的会计对象 B. 提供信息的详细程度
　　C. 归属的会计要素 D. 反映的经济业务

17. 下列关于账户的表述中,正确的是( )。
　　A. 账户是根据会计要素开设的 B. 账户具有一定格式和结构
　　C. 设置账户是会计监督的方法之一 D. 明细账户是统一规定的

18. "有借必有贷,借贷必相等"的记账规则适用于( )。
　　A. 单式记账法 B. 收付记账法
　　C. 借贷记账法 D. 增减记账法

19. 损益类账户期末应( )。
　　A. 没有余额 B. 借方余额
　　C. 贷方余额 D. 借贷方均有余额

20. 存在对应关系的账户称为( )。
　　A. 一级账户 B. 对应账户
　　C. 总分类账户 D. 明细分类账户

21. 下列错误中,能够通过试算平衡查找的是( )。
　　A. 漏记经济业务 B. 重记经济业务
　　C. 借贷方向相反 D. 借贷金额不等

22. 明细分类账户对总分类账户具有( )的作用。
　　A. 统驭控制 B. 补充说明
　　C. 指导 D. 辅助

23. 借贷记账法的发生额试算平衡公式是( )。
　　A. 每个账户的借方发生额=每个账户的贷方发生额
　　B. 全部账户期末借方余额合计=全部账户期末贷方余额合计
　　C. 全部账户本期借方发生额合计=全部账户本期贷方发生额合计
　　D. 全部账户期初借方余额合计=全部账户期初贷方余额合计

24. 不属于平行登记要点的是( )。
　　A. 登记方向一致 B. 登记金额相等
　　C. 登记依据相同 D. 登记内容相同

25. 下列关于账户结构的说法错误的是( )。
　　A. 账户中哪一方登记增加,哪一方登记减少,取决于账户的性质

B. 损益类账户期末结转以后没有余额

C. "摘要"属于账户的基本结构

D. 账户登记增加额的方向与其在会计等式中的方向一致

二、多项选择题

1. 下列有关借贷记账法说法正确的是(　　)。
   A. 以"借"和"贷"为记账符号
   B. 以"资产＝负债+所有者权益"作为理论依据
   C. 以"有借必有贷,借贷必相等"为记账规则
   D. 是国际上普遍通用的记账方法

2. 下列有关会计科目与账户的关系说法正确的是(　　)。
   A. 两者名称相同
   B. 账户是根据科目设置的
   C. 账户具有一定的格式和结构,而会计科目不具有格式和结构
   D. 科目是根据账户设置的

3. 在借贷记账法下,下列不属于账户中借方表示的事项包括(　　)。
   A. 资产的减少或权益的增加　　B. 资产的增加或权益的增加
   C. 资产的减少或权益的减少　　D. 资产的增加或权益的减少

4. 借贷记账法下,账户的贷方能够表示(　　)。
   A. 实收资本的增加　　B. 短期借款的增加
   C. 预收账款的增加　　D. 预付账款的增加

5. 构成账户基本结构的是(　　)。
   A. 账户名称　　B. 增加额
   C. 减少额　　D. 结余额

6. 通过试算平衡不能发现的错账有(　　)。
   A. 一笔分录全部漏记或重记　　B. 借贷方所记金额不等
   C. 分录上的账户用错,金额正确　　D. 借贷方多记或少记相同的金额

7. 复合会计分录(　　)。
   A. 由几个简单分录组成　　B. 涉及两个以上的账户
   C. 由两个对应账户组成　　D. 按复式记账原理编制

8. 借贷记账法下结账后有余额的账户是(　　)。
   A. 资产类账户　　B. 收入类账户
   C. 负债类账户　　D. 费用类账户

9. 下列账户不属于资产类账户的是(　　)。
   A. 银行存款　　B. 实收资本
   C. 短期借款　　D. 制造费用

10. 下列账户期末一般没有余额的是(　　)。
    A. 收入类　　B. 费用类
    C. 成本类账户　　D. 负债类账户

11. 在借贷记账法下,账户借方反映的经济内容有(　　)。

A. 负债、所有者权益和收入的增加
B. 负债、所有者权益和收入的减少
C. 资产和费用的增加
D. 资产和费用的减少

12. 账户哪一方记增加,哪一方记减少,取决于(　　)。
A. 业务的性质　　　　　　B. 所采用的记账方法
C. 账户的性质　　　　　　D. 会计人员的分工

13. 下列属于"损益类"账户的有(　　)。
A. "管理费用"账户　　　　B. "主营业务收入"账户
C. "主营业务成本"账户　　D. "营业外支出"账户

14. 账户一般可以提供的金额指标有(　　)。
A. 期初余额　　　　　　　B. 本期增加发生额
C. 期末余额　　　　　　　D. 本期减少发生额

15. 借贷记账法的试算平衡有(　　)。
A. 财务报表平衡　　　　　B. 发生额试算平衡
C. 余额试算平衡　　　　　D. 会计分录试算平衡

16. 复合会计分录有(　　)。
A. 一借一贷　　　　　　　B. 一贷多借
C. 多借多贷　　　　　　　D. 一借多贷

17. 下列项目属于会计分录要素的是(　　)。
A. 记账的方向　　　　　　B. 账户名称
C. 记账的金额　　　　　　D. 记账的时间

18. 关于平行登记正确的是(　　)。
A. 它是总分类账户与所属明细分类账户中进行的双重登记
B. 一项经济业务记入总分类账户和明细分类账户的方向应该一致
C. 一项经济业务记入总分类账户的金额必须与其所属的一个或几个明细分类账户的金额合计数相等
D. 为检查平行登记结果是否相符,需要根据明细分类账户的本期发生额及余额编制"明细分类账户本期发生额和余额明细表"。

19. 总分类账户与明细分类账户的关系表现在(　　)。
A. 提供信息的详细程度不同　　B. 明细账对总分类账户起补充说明作用
C. 提供数据指标不同　　　　　D. 总分类账户是明细分类账户的统驭账户

20. 下列所述属于账户结构内容的是(　　)。
A. 摘要　　　　　　　　　B. 账户名称
C. 凭证号　　　　　　　　D. 日期

三、判断题

1. 标明某项经济业务应借应贷账户名称及其金额的一种记录,称为会计分录。(　　)
2. 复式记账法是指所发生的每项经济业务,都是以会计凭证为依据,一方面记入有关总分类账户,另一方面记入总账所属明细分类账户的方法。(　　)

3. 试算平衡表平衡不一定记账没有错误,试算平衡表不平衡,说明记账有错误,应进一步检查。（　　）
4. 复合会计分录是指涉及两个以上（含两个）账户的会计分录。（　　）
5. 收入类、费用类账户期末没有余额。（　　）
6. 借贷记账法下,负债类账户借方登记增加,贷方登记减少。（　　）
7. 在借贷记账法下,所有账户的借方登记增加数,贷方登记减少数。（　　）
8. 会计科目名称就是账户名称。（　　）
9. 账户记录通过试算平衡后,表示账户记录完全正确。（　　）
10. 借贷记账法的记账规则是"有借必有贷,借贷必相等"。（　　）

四、名词解释

会计科目　账户　复式记账法　借贷记账法　对应关系　对应账户　会计分录　试算平衡　平行登记

五、简答题

1. 借贷记账法的基本内容包括什么？
2. 总分类账户与明细分类账户有什么关系？
3. 什么是平行登记,其要点是什么？
4. 什么是借贷记账法？怎样理解借贷记账法的记账规则？
5. 什么是会计分录？如何编制？
6. 什么是会计科目？什么是账户？账户与会计科目之间的区别与联系是什么？

六、业务题

（一）【目的】熟悉会计科目的类别及内容。

【要求】确认以下各项目属于哪一个会计要素和所用会计科目的名称。

项　　目	会计要素	会计科目
存在开户银行的存款		
出纳人员保管的现金		
生产用设备		
为生产产品购买的原材料		
银行借款的利息支出		
预收的销货款		
行政管理部门发生的办公费		
应发给销售人员的工资		
投资人的投资		
销售产品的收入		
向银行借入的一年期借款		
应收的销售款		
运输车辆		
库存的产成品		
应付给供货单位的材料款		
行政办公大楼		

(二)【目的】练习账户金额要素之间的关系。

【资料】某企业20××年9月30日账户资料如下：

账户名称	期初余额		本期发生额		期末余额	
	借方	贷方	借方	贷方	借方	贷方
银行存款	350 000		100 000	96 000	A	
固定资产	640 000		380 000	B	700 000	
应收账款	80 000		C	120 000	45 000	
原材料	D		148 000	100 000	57 000	
短期借款		200 000	200 000	80 000		E
应付账款		186 000	170 000	F		183 000
预收账款		38 000	G	30 000		38 000
实收资本		H		200 000		855 000

【要求】根据账户四个金额要素的关系式，计算并填列表中字母处的数字。

(三)【目的】练习借贷记账法下会计分录的编制方法、账户的登记方法、平行登记，以及试算平衡方法。

【资料】1. 某企业20××年6月1日总分类账户余额如下：

会计科目	借方余额	会计科目	贷方余额
库存现金	2 000	短期借款	380 000
银行存款	326 000	应付账款	164 000
应收账款	48 000	长期借款	200 000
原材料	163 000	实收资本	551 000
库存商品	36 000		
生产成本	20 000		
固定资产	700 000		
总计	1 295 000	总计	1 295 000

2. "应付账款"明细账户余额：光华工厂80 000元，海清工厂84 000元。

3. 本月该企业发生下列经济业务：

(1)3日，从海清工厂采购甲材料30 000元，货款暂欠，材料已验收入库(不考虑增值税)。

(2)7日，生产车间从仓库领用生产P1产品所需甲材料共计86 000元。

(3)8日，从银行提取现金6 000元。

(4)15日，从银行取得三年期借款300 000元，存入银行。

(5)15日，用银行存款偿还海清工厂货款64 000元。

(6)17日，收到B单位作为投资投入的设备一台，价值240 000元，已投入使用。

(7)20日，用银行存款归还已到期短期借款300 000元。

(8)22日，从光华工厂购入乙原材料一批，价值7 000元，货款暂欠，材料已入库(不考虑增值税)。

(9)28日，用银行存款偿还光华工厂货款80 000元。

(10)29日，销售P1产品一批，货款11 700元存入银行(不考虑增值税)。

【要求】

(1) 根据以上经济业务编制会计分录。
(2) 开设总账、应付账款明细账(丁字账)。
(3) 根据会计分录登记总分类账及应付账款明细分类账。
(4) 编制总账发生额及余额试算平衡表及应付账款明细账发生额及余额表,进行总账的试算平衡及平行登记结果的试算平衡。

借方	库存现金	贷方
期初余额 2 000		

借方	银行存款	贷方

借方	应收账款	贷方

借方	原材料	贷方

借方	库存商品	贷方

借方	生产成本	贷方

借方	固定资产	贷方

借方	短期借款	贷方

借方	应付账款	贷方

借方	长期借款	贷方

借方	实收资本	贷方

借方	应付账款——光华工厂	贷方

借方	应付账款——海清工厂	贷方

参考答案

一、单项选择题

1. B 2. A 3. B 4. A 5. A 6. B 7. D 8. A 9. C 10. D
11. A 12. C 13. A 14. D 15. B 16. B 17. B 18. C 19. A 20. B
21. D 22. B 23. C 24. C 25. C

二、多项选择题

1. ABCD 2. ABC 3. ABC 4. ABC 5. BCD 6. ACD 7. ABD 8. AC
9. BCD 10. AB 11. BC 12. BC 13. ABCD 14. ABCD 15. BC 16. BCD
17. ABC 18. ABCD 19. ABD 20. ABCD

三、判断题

1. × 2. × 3. √ 4. × 5. √ 6. × 7. × 8. √ 9. × 10. √

四、名词解释

会计科目是对会计要素具体内容进行分类核算和监督的项目。

账户是根据会计科目设置的,具有一定格式和结构,用于分类反映会计要素各项目增减变动情况及其结果的载体,是对会计要素具体内容进行分类核算和监督的工具。

复式记账法是指对每一项经济业务都以相等的金额,在两个或两个以上的账户中相互联系地进行登记的一种记账方法。

借贷记账法是以"借"和"贷"为记账符号,对发生的经济业务都以相等的金额在两个或两个以上的账户中相互联系地进行登记的一种复式记账法。

对应关系是指在借贷记账法下,一笔经济业务所涉及的几个账户之间形成的相互依存的应借、应贷的关系,账户之间这种相互依存的应借、应贷的关系,称为账户的对应关系。

对应账户存在对应关系的账户,称为对应账户。

会计分录简称分录。预先确定每项经济业务所涉及的账户名称、记账方向和金额的一种记录。

试算平衡是以会计等式的平衡原理,按照记账规则的要求,通过对所有账户的发生额和余额的汇总计算和比较,检查账户记录正确性、完整性的一种方法。

平行登记是指对于需要明细核算的经济业务,在有关总分类账户与所属明细分类账户中进行的双重登记。

五、简答题

1. 借贷记账法的基本内容包括记账符号、账户结构、记账规则、试算平衡等。

借贷记账法下,"借"和"贷"作为记账符号,只是表示记账的方向,"借"表示记入账户的借方,"贷"表示记入账户的贷方。

借贷记账法下,账户的左方为借方,右方为贷方,哪一方反映增加,哪一方反映减少,取决于账户的性质。资产类账户借方登记资产的增加额,贷方登记资产的减少额,余额一般在借方,表示期末(期初)资产的实有数额。负债与所有者权益类账户贷方登记负债与所有者权益的增加额,借方登记负债与所有者权益的减少额,余额一般在贷方,表示期末(期初)负债与所有者权益的实有数额。成本类账户借方登记成本费用的增加额,贷方登记成本费用的减少额或结转额,该类账户中有的账户没有余额,如"制造费用"账户;有的账户有余额,如"生产成本"账户,其余额在借方,表示期末在产品的成本。收入类账户贷方登记收入的增加额,借方登记收入的减少额或转出额,收入类账户期末没有余额。费用类账户借方登记费用支出的增加额,贷方登记费用支出的减少额或转出额,费用类账户期末没有余额。

采用借贷记账法记录任何一种类型的经济业务,都要遵循"有借必有贷,借贷必相等"的记账规则。

根据会计分录记账以后,为了保证记账工作的正确性,为编制财务报表提供真实、准确的数据,还需要进行试算平衡。试算平衡是以会计等式的平衡原理,按照记账规则的要求,通过对所有账户的发生额和余额的汇总计算和比较,检查账户记录正确性、完整性的一种方法。

2. 总分类账户是所属明细分类账户的统驭账户,是对明细分类账户的综合,对所属明细分类账户起控制作用;明细分类账户是总分类账户的从属账户,是对总分类账户的具体化,对总分类账户起补充说明作用。它们的核算对象相同,提供的核算资料相互补充,只有将二者结合起来,才能既总括又详细地反映同一项经济内容,因此总分类账户和明细分类账户必须平行登记。

3. 平行登记是对于需要明细核算的经济业务,在有关总分类账户与所属明细分类账户中进行的双重登记。平行登记的要点包括登记内容相同、登记方向一致、登记金额相等。

4. 借贷记账法是以"借"和"贷"为记账符号,对发生的经济业务都以相等的金额在两个或两个以上的账户中相互联系地进行登记的一种复式记账法。

借贷记账法的记账规则是"有借必有贷,借贷必相等"。采用借贷记账法记录任何一种类型的经济业务,都要在两个或两个以上账户中进行登记,设计的账户中有记入借方的,有记入贷方的,并且,记入借方的金额应该等于记入贷方的金额。

5. 会计分录简称分录,是预先确定每项经济业务所涉及的账户名称、记账方向和金额的一种记录。编制会计分录是处理经济业务的首要环节,也是一项技术性较强的工作,主要包括以下步骤:

(1) 分析经济业务引起的会计要素的增减变动;
(2) 确定所涉及的账户名称;
(3) 根据账户结构确定账户的对应关系;
(4) 确定每一个账户所登记的金额;
(5) 写出会计分录;
(6) 检查会计分录中账户名称及记账方向是否正确,借贷双方金额是否相等。

6. 会计科目是对会计要素具体内容进行分类核算和监督的项目。账户是根据会计科目设置的,具有一定格式和结构,用于分类反映会计要素各项目增减变动情况及其结果的载体。账户是对会计要素具体内容进行分类核算和监督的工具。

联系:账户是根据会计科目开设的,会计科目的名称就是账户的名称;二者反映的经济内容相同。

区别:会计科目是对会计要素具体内容进行分类核算和监督的项目,是进行分类核算的依据,没有结构,不能记录经济业务;账户是对会计要素具体内容进行分类核算和监督的工具,账户有结构,可以记录经济业务。

六、业务题

(一)

项　目	会计要素	会计科目
存在开户银行的存款	资产	银行存款
出纳人员保管的现金	资产	库存现金
生产用设备	资产	固定资产
为生产产品购买的原材料	资产	原材料
银行借款的利息支出	费用	财务费用
预收的销货款	负债	预收账款
行政管理部门发生的办公费	费用	管理费用
应发给销售人员的工资	负债	应付职工薪酬

项　目	会计要素	会计科目
投资人的投资	所有者权益	实收资本
销售产品的收入	收入	主营业务收入
向银行借入的一年期借款	负债	短期借款
应收的销售款	资产	应收账款
运输车辆	资产	固定资产
库存的产成品	资产	库存商品
应付给供货单位的材料款	负债	应付账款
行政办公大楼	资产	固定资产

（二）

$A = 350\,000 + 100\,000 - 96\,000 = 354\,000$

$B = 640\,000 + 380\,000 - 700\,000 = 320\,000$

$C = 45\,000 + 120\,000 - 80\,000 = 85\,000$

$D = 57\,000 + 100\,000 - 148\,000 = 9\,000$

$E = 200\,000 + 80\,000 - 200\,000 = 80\,000$

$F = 183\,000 + 170\,000 - 186\,000 = 167\,000$

$G = 38\,000 + 30\,000 - 38\,000 = 30\,000$

$H = 855\,000 - 200\,000 = 655\,000$

账户名称	期初余额		本期发生额		期末余额	
	借方	贷方	借方	贷方	借方	贷方
银行存款	350 000		100 000	96 000	354 000	
固定资产	640 000		380 000	320 000	700 000	
应收账款	80 000		85 000	120 000	45 000	
原材料	9 000		148 000	100 000	57 000	
短期借款		200 000	200 000	80 000		80 000
应付账款		186 000	170 000	167 000		183 000
预收账款		38 000	30 000	30 000		38 000
实收资本		655 000		200 000		855 000

（三）

（1）借：原材料——甲材料　　　　　　　30 000
　　　贷：应付账款——海清工厂　　　　　　　30 000

（2）借：生产成本——P1　　　　　　　　86 000
　　　贷：原材料——甲材料　　　　　　　　　86 000

（3）借：库存现金　　　　　　　　　　　6 000
　　　贷：银行存款　　　　　　　　　　　　　6 000

（4）借：银行存款　　　　　　　　　　　300 000
　　　贷：长期借款　　　　　　　　　　　　　300 000

（5）借：应付账款——海清工厂　　　　　64 000
　　　贷：银行存款　　　　　　　　　　　　　64 000

（6）借：固定资产　　　　　　　　　　　240 000
　　　贷：实收资本　　　　　　　　　　　　　240 000

（7）借：短期借款　　　　　　　　　　　300 000
　　　贷：银行存款　　　　　　　　　　　　　300 000

(8) 借：原材料——甲材料　　　　　　7 000
　　　贷：应付账款——光华工厂　　　　　7 000
(9) 借：应付账款——光华工厂　　　　80 000
　　　贷：银行存款　　　　　　　　　　80 000
(10) 借：银行存款　　　　　　　　　　11 700
　　　贷：主营业务收入　　　　　　　　11 700

借方	库存现金	贷方
期初余额	2 000	
(3)	3 000	
本期发生额	3 000	
期末余额	5 000	

借方	银行存款			贷方
期初余额	326 000			
(4)	300 000	(3)		3 000
(10)	11 700	(5)		64 000
		(7)		300 000
		(9)		80 000
本期发生额	311 700	本期发生额		447 000
期末余额	190 700			

借方	应收账款	贷方
期初余额	48 000	

借方	原材料		贷方
期初余额	163 000		
(1)	30 000	(2)	86 000
(8)	7 000		
本期发生额	37 000	本期发生额	86 000
期末余额	114 000		

借方	库存商品	贷方
期初余额	36 000	

借方	生产成本	贷方
期初余额	20 000	
(2)	86 000	
本期发生额	86 000	
期末余额	106 000	

借方	固定资产	贷方
期初余额	700 000	
(6)	240 000	
本期发生额	240 000	
期末余额	940 000	

借方	短期借款		贷方
		期初余额	380 000
(7)	30 000		
本期发生额	30 000		
		期末余额	80 000

借方	应付账款		贷方
		期初余额	700 000
(5)	64 000	(1)	30 000
(9)	80 000	(8)	7 000
本期发生额	144 000	本期发生额	37 000
		期末余额	57 000

借方	长期借款		贷方
		期初余额	200 000
		(4)	30 000
		本期发生额	300 000
		期末余额	500 000

借方	实收资本	贷方		借方	主营业务收入	贷方
	期初余额	551 000			（10）	11 700
	（6）	240 000			本期发生额	11 700
	本期发生额	240 000			期末余额	11 700
	期末余额	791 000				

借方	应付账款——光华工厂	贷方		借方	应付账款——海清工厂	贷方
	期初余额	80 000			期初余额	84 000
（9） 80 000	（8）	7 000		（5） 64 000	（1）	30 000
本期发生额 80 000	本期发生额	7 000		本期发生额 64 000	本期发生额	30 000
	期末余额	7 000			期末余额	50 000

总分类账户本期发生额及余额试算平衡表

20××年6月   单位：元

账户名称	期初余额		本期发生额		期末余额	
	借方	贷方	借方	贷方	借方	贷方
库存现金	2 000		3 000		5 000	
银行存款	326 000		311 700	447 000	190 700	
应收账款	48 000				48 000	
原材料	163 000		37 000	86 000	114 000	
库存商品	36 000				36 000	
生产成本	20 000		86 000		106 000	
固定资产	700 000		240 000		940 000	
短期借款		380 000	300 000			80 000
应付账款		164 000	144 000	37 000		57 000
长期借款		200 000		300 000		500 000
实收资本		551 000		240 000		791 000
主营业务收入				11 700		11 700
合　计	1 295 000	1 295 000	1 121 700	1 121 700	1 439 700	1 439 700

应付账款明细分类账户本期发生额和余额明细表

20××年6月   单位：元

明细科目	月初余额		本期发生额		月末余额	
	借方	贷方	借方	贷方	借方	贷方
光华工厂		80 000	80 000	7 000		7 000
海清工厂		84 000	64 000	30 000		50 000
合　计		164 000	144 000	37 000		57 000

根据以上表格进行核对，该单位20××年6月份"应付账款"总账期初余额164 000元，借方发生额144 000元，贷方发生额37 000元与所属两个明细账期初余额之和164 000（80 000+84 000）元，借方本期发生额之和144 000（80 000+64 000）元，贷方本期发生额之和37 000（7 000+30 000）元全部相等。

第 4 章

制造业企业主要经济业务的核算

知识点概要

4.1 制造业企业生产经营过程

企业的经济活动一般包括筹资活动、投资活动和经营活动。

企业要从事生产经营活动,首先必须要有资金。资金的来源渠道有两个:投资人自有资金的投入和借入。有了资金,企业就可以开始生产经营活动了。

制造业的主要经营活动是生产产品、销售产品。为生产产品,企业要购置生产用的原材料和生产设备,生产过程中需要材料支出、人力支出和其他支出,生产完工的产品要通过质量检查验收送入成品库房等待销售,接下来产品被投入市场销售以赚取利润,最后企业计算赚取的利润额并进行分配。

因此在制造业企业的生产经营过程中会发生筹资业务、供应业务、生产业务、销售业务、利润形成及分配业务、投资业务。

制造业企业的生产经营过程中所发生的经济业务如图4.1所示。

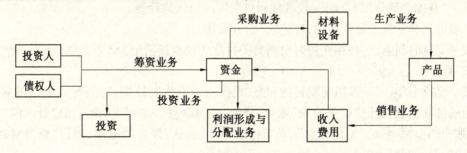

图 4.1 制造业企业的生产经营过程中所发生的经济业务

4.2 筹资业务的核算

1. 筹资业务的内容

前已述及,企业筹集生产经营所需资金的渠道有两条:一是吸收投资,二是借入。因此,筹资业务有两类:一类是吸收投资的业务,另一类则是借款业务。吸收投资使企业产生了所有者或者股东,他们是企业的主人,对企业资产享有要求权,即形成了所有者权益;借款使企业产生了债务,即负债。

投资人投入的资金是企业赖以生存的基本条件。设立企业必须拥有一定的资金,即企业在工商行政管理部门登记注册的资金。投资形式多种多样,可以是货币资金、材料物资,也可以是固定资产、无形资产等。吸收投资的经济业务的核算内容主要包括投入资金的入账价值,投资人在企业所享有的权益的确认和计量。

借入资金是企业为满足生产经营过程中资金周转的需要或为扩大经营规模等而借入的款项。会计上资金筹集过程中的借入资金通常仅指借款和发行债券所形成的资金。借入资金的经济业务的核算内容包括本金的借入、借入资金的使用费,即利息的确认和支付。

2. 筹资业务设置的账户

筹资业务所涉及的账户主要有"银行存款""固定资产""无形资产""实收资本"(或"股本")"资本公积""短期借款""长期借款""财务费用""应付利息"等。

3. 资金筹集业务的核算原则

(1)实收资本入账价值的确定。投资者投入资本是按照实际收到的投资额入账的,具体又由于投入资本形式的不同而有所不同。

投资人以货币出资的,以实际收到的金额作为资产的入账价值。

投资人以其他形式出资的,按照投资合同或协议约定的价值确定,但合同或协议约定价值不公允的除外。

投入资本的入账价值与其在注册资本或股本中所占份额的差额,应作为超面额缴入资本,作为资本公积金处理。

(2)借款利息的确认与计量。借款的用途可分为专门借款和一般借款。专门借款是指为购建或者生产符合资本化条件的资产而专门借入的款项;一般借款则是指专门借款以外的借款。"基础会计学"只介绍一般借款利息费用的确认与计量。

一般借款利息属于筹资费用,应计入"财务费用"账户。

按月支付的利息,应当在支付时根据有关付款凭证直接借记"财务费用"账户,贷记"银行存款"账户。

按季度或半年、一年等期间支付的利息,根据权责发生制原则,应当每月末计提本月应当负担的借款利息,借记"财务费用"账户,贷记"应付利息",实际支付时,已经计入的"应付利息"账户的金额,借记"应付利息",尚未计入"应付利息"账户的金额,借记"财务费用"账户,贷记"银行存款"。

如果按季度或半年、一年等期间支付的利息金额较小,根据重要性原则,也可以不在每个月末时做上述处理,只在实际支付时借记"财务费用"账户,贷记"银行存款"账户。

4. 筹资业务的会计分录

(1)收到投资者投资:
  借:有关资产科目(银行存款、固定资产、无形资产等)
   贷:实收资本

(2)从银行等金融机构借入款项:
  借:银行存款
   贷:短期借款(或长期借款)

(3)计提短期借款利息:
  借:财务费用
   贷:应付利息

(4)支付短期借款利息:
  借:应付利息(已计提的)
    财务费用(未计提的)
   贷:银行存款

(5)归还短期借款本金:

借：短期借款
  贷：银行存款
(6)不需计提直接支付的利息、支付时：
  借：财务费用
    贷：银行存款

4.3 供应业务的核算

供应过程是购置生产所需各种材料物资，为生产做准备的过程，主要的经济业务包括设备等的采购、材料的购进与入库、材料采购成本的计算，以及与供应单位往来款项的结算等。

1. 固定资产的购置业务的核算

固定资产是指为生产商品、提供劳务、出租或经营管理而持有的，使用寿命超过一个会计年度的有形资产。如房屋、建筑物、机器设备、运输工具、器具、工具等。

(1)固定资产入账价值与入账时间的确定。固定资产应当按照成本进行初始计量。成本取决于固定资产的来源渠道。外购固定资产的成本包括购买价款、相关税费、使固定资产达到预定可使用状态前所发生的可归属于该项资产的运输费、装卸费、安装费和专业人员服务费等。

(2)账户设置。固定资产购置业务涉及的账户主要有"固定资产""在建工程"等。

(3)固定资产购置业务的会计分录。

  固定资产购入业务（不考虑增值税）：
    借：固定资产（不需安装）
    借：在建工程（需要安装）
      贷：银行存款
  支付需安装的固定资产安装费：
    借：在建工程
      贷：银行存款
  固定资产安装完毕交付使用：
    借：固定资产
      贷：在建工程

2. 材料采购业务的核算（实际成本核算）

(1)材料采购成本的确定。材料的采购成本包括购买价款、相关税费和采购费用。

购买价款指买价，即企业与供应单位的成交价格，是供应单位的发票价格。

相关税费。影响材料采购成本的相关税费包括流转税和进口货物的关税。

采购费用主要包括：

①运杂费，包括运输费、包装费、装卸费、运输途中的仓储费和保险费等。

②运输途中的合理损耗。

③入库前的挑选整理费。

④其他可归属于存货采购成本的费用。

对于一般纳税人,采购费用不包括运费中可以按规定抵扣的7%的增值税进项税额。

在具体计算确定采购费用时,属于为某一种材料发生的费用,直接计入该材料的采购成本;属于为几种材料共同发生的费用,应按照一定的标准在几种材料之间进行分配。分配标准包括重量、体积、买价等。

①计算分配率:

$$\text{分配率} = \frac{\text{采购费用}}{\text{各种材料分配标准之和}}$$

②计算每种材料应分配的采购费用:

$$\text{每种材料的分配额} = \text{该材料的分配标准} \times \text{分配率}$$

(2)材料采购业务的账户设置。材料按实际成本进行日常核算时,所涉及的账户有"在途物资""原材料""应交税费""应付账款""银行存款""预付账款""应付票据"账户等。

(3)材料采购业务的会计分录。

①采购材料支付货款、货未到(或未验收入库):

借:在途物资
　　应交税费——应交增值税(进项税额)
　贷:银行存款、库存现金等

②采购材料款未付(赊购)、货未到(或未验收入库):

借:在途物资
　　应交税费——应交增值税(进项税额)
　贷:应付账款、应付票据等

③偿还货款:

借:应付账款、应付票据等
　贷:银行存款、库存现金等

④预付购货款:

借:预付账款
　贷:银行存款、库存现金等

⑤收到已经预付货款的材料、未验收入库

借:在途物资
　　应交税费——应交增值税(进项税额)
　贷:预付账款

⑥补付货款:

借:预付账款
　贷:银行存款、库存现金等

⑦材料验收入库:

借:原材料
　贷:在途物资

按照税法规定,小规模纳税人采购材料所支付的全部货款中的增值税不得作为进项税额予以抵扣,即不得记入"应交税费"账户的借方,一律记入材料的采购成本。

4.4 生产业务的核算

1. 生产业务的主要内容

生产过程是制造业产品形成的阶段,是制造业生产经营过程的第二阶段。这一阶段主要经济业务包括材料等各种生产费用的归集与分配,以及全部生产费用在完工产品与在产品之间的分配、完工产品的入库等内容。

2. 产品生产成本的构成

产品生产成本是指生产一定种类和数量的产品而耗费的物化劳动(材料)和部分活劳动(人工)的货币表现。

为产品的生产而发生的各项耗费称为生产费用,生产费用按照计入产品生产成本的方式,可以分为直接费用和间接费用。

直接费用是指能确认是为生产某种产品所耗用的并且能直接按有关产品进行归集的生产费用。一般包括直接材料费用和直接人工费用。直接费用直接计入产品成本。

间接费用指的是不能确认是为生产某种产品所耗用的并且不能直接按有关产品进行归集的生产费用,通常称为制造费用,企业应选择合理的分配标准将制造费用在有关的几种产品之间进行分配,将制造费用计入产品成本。

制造费用的分配标准包括生产工时、机器工时、生产工人工资、原料及主要材料成本、直接费用等。

$$制造费用分配率 = \frac{制造费用总额}{分配标准之和}$$

$$每种产品负担的制造费用 = 该产品的分配标准 \times 分配率$$

在会计实务中,制造费用的分配需要编制"制造费用分配表"。

产品生产成本包括直接材料、直接人工、制造费用。

3. 生产业务设置的账户

生产业务核算需要设置的账户主要有:"生产成本""制造费用""库存商品""应付职工薪酬""累计折旧""累计摊销""管理费用"等。

4. 生产业务的会计分录

(1) 发出材料:

借:生产成本(车间生产产品耗用材料)
　　制造费用(车间一般耗用材料)
　　管理费用(企业管理部门耗用材料)
　　销售费用(专设销售机构领用材料)
　贷:原材料

(2) 职工薪酬核算。

① 分配职工薪酬(包括单位负担的社会保险费、住房公积金等的计提):

借:生产成本(车间生产工人的职工薪酬)

　　　　制造费用(车间管理人员的职工薪酬)
　　　　管理费用(企业管理人员的职工薪酬)
　　　　销售费用(专设销售机构人员的职工薪酬)
　　　贷:应付职工薪酬
　②支付职工薪酬:
　　　借:应付职工薪酬
　　　　贷:库存现金(或银行存款)
(3)计提折旧:
　　借:制造费用(生产车间固定资产折旧)
　　　管理费用(行政管理部门固定资产折旧)等
　　贷:累计折旧
(4)水电费:
　　借:生产成本(车间生产产品用电)
　　　制造费用(车间一般用水电费)
　　　管理费用(企业管理部门负担的水电费)
　　贷:银行存款(或应付账款)
(5)其他间接费用(车间的办公费、差旅费、报刊费等):
　　借:制造费用
　　　贷:银行存款等
(6)分配制造费用:
　　借:生产成本
　　　贷:制造费用
(7)结转完工验收入库产品成本:
　　借:库存商品
　　　贷:生产成本

4.5　销售业务的核算

1. 销售业务的主要内容

销售过程是制造业生产经营过程的第三阶段,是企业产品价值实现和取得销售收入以补偿成本费用的阶段。主要经济业务包括:销售收入的实现,销售成本的结转,销售费用的发生,销售税费的计算,以及销售货款的结算等。

2. 销售收入的确认与计量

销售收入的确认与计量是指确定销售收入的入账时间和入账金额,即应当在什么时间在账上登记销售收入,登记的销售收入金额是多少。

(1)销售收入的确认。销售收入的确认是一个较为复杂的内容,根据《企业会计准则第14号——收入》的规定,销售商品收入同时满足5个条件,任何一个条件没有满足,即使已经收到货款,也不能确认收入。

(2)销售收入的计量。根据会计准则规定,企业应当按照从购货方已收或应收的合同或协议价款确定销售商品收入金额,但已收或应收的合同或协议价款不公允的除外。

商品销售收入的入账金额一般按销售商品的售价进行计量。应当注意的是,增值税一般纳税人的商品销售收入的入账金额中不包括增值税。

3. 销售业务设置的账户

销售过程核算所需要设置的账户主要有:"主营业务收入""主营业务成本""营业税金及附加""销售费用""应收账款""应交税费""预收账款""其他业务收入""其他业务成本"等。

4. 销售业务的会计分录

(1)销售产品款已收:

　　借:银行存款(或库存现金)
　　　　贷:主营业务收入
　　　　　　应交税费——应交增值税(销项税额)

(2)销售产品款未收:

　　借:应收账款(赊销)
　　　　贷:主营业务收入
　　　　　　应交税费——应交增值税(销项税额)

(3)结转已销售产品成本:

　　借:主营业务成本
　　　　贷:库存商品

(4)销售材料:

　　借:银行存款(或库存现金、应收账款等)
　　　　贷:其他业务收入
　　　　　　应交税费——应交增值税(销项税额)

(5)结转已销售材料成本:

　　借:其他业务成本
　　　　贷:原材料

(6)采用预收货款方式销售,收到预收货款时:

　　借:银行存款
　　　　贷:预收账款

销售产品时:

　　借:预收账款
　　　　贷:主营业务收入
　　　　　　应交税费——应交增值税(销项税额)

收到补付货款时:

　　借:银行存款、库存现金等
　　　　贷:预收账款

退回多余款时：
    借：预收账款
        贷：银行存款
(7)发生销售费用：
    借：销售费用
        贷：银行存款、库存现金等
(8)计算本月销售产品应当缴纳的城市维护建设税、教育费附加：
    借：营业税金及附加
        贷：应交税费——城市维护建设税
            应交税费——教育费附加等

4.6 利润形成与分配业务的核算

1. 利润形成业务的核算

(1)利润的形成。利润是企业在一定会计期间的经营成果。包括收入减去费用后的净额、直接计入当期利润的利得和损失等。

利润金额取决于收入和费用、直接计入当期利润的利得和损失金额的计量。有关利润的形成过程可以用如下公式表示

营业利润＝营业收入－营业成本－营业税金及附加－销售费用－管理费用－
财务费用－资产减值损失＋公允价值变动收益＋投资收益
利润总额＝营业利润＋营业外收入－营业外支出
净利润＝利润总额－所得税费用

(2)利润形成业务的主要内容。利润形成业务主要包括各项收入费用以及损失和利得的发生、本期损益的结转、所得税费用的计算确定等。

(3)利润形成业务设置的账户。除了前面的"主营业务收入""主营业务成本""营业税金及附加""其他业务收入""其他业务支出""销售费用""管理费用""财务费用"账户之外，还需要设置"营业外收入""营业外支出""本年利润""所得税费用"等账户。

(4)利润形成业务的会计分录。

①期末结转收入、费用：
    借：主营业务收入
        其他业务收入
        营业外收入
        贷：本年利润
    借：本年利润
        贷：主营业务成本
            其他业务成本
            营业税金及附加
            销售费用

　　　　管理费用
　　　　财务费用
　　　　营业外支出
②计算应交所得税：
　　借：所得税费用
　　　　贷：应交税费——应交所得税
③结转所得税费用：
　　借：应交税费——应交所得税
　　　　贷：本年利润
④上交应交的税费：
　　借：应交税费
　　　　贷：银行存款

2. 利润分配业务的核算

(1) 利润分配的顺序。企业实现的利润应按照以下顺序分配：提取法定公积金，提取任意公积金，向投资人分配利润或股利。

(2) 利润分配业务的主要内容。包括提取法定公积金，提取任意公积金和向投资人分配利润，以及结转本年实现的净利润（或发生的净亏损）等。

(3) 利润分配业务设置的账户。主要有"利润分配""盈余公积""应付股利"账户等。

(4) 利润分配业务的会计分录。

①年末结转净利润（净亏损）：
　　借：本年利润　　　　　　　　（净利润）
　　　　贷：利润分配——未分配利润
　　借：利润分配——未分配利润
　　　　贷：本年利润　　　　　　　（净亏损）
②提取盈余公积：
　　借：利润分配——提取法定盈余公积金
　　　　　　　　——提取任意盈余公积金
　　　　贷：盈余公积——法定盈余公积金
　　　　　　　　　　——任意盈余公积金
③计算向投资者分配的利润：
　　借：利润分配——应付股利
　　　　贷：应付股利
④向投资者分配利润：
　　借：应付股利
　　　　贷：银行存款
⑤年末，结平"利润分配"账户的相关明细账户：
　　借：利润分配——未分配利润
　　　　贷：利润分配——提取法定盈余公积
　　　　　　利润分配——应付股利

⑥向投资者分派利润:
　　借:应付股利
　　　贷:银行存款

自我训练

一、单项选择题

1. 资产的提供者对企业资产所享有的要求权,会计上称为( )。
   A. 投资人权益　　　　　　B. 所有者权益
   C. 债权人权益　　　　　　D. 权益

2. 企业为筹集临时所需资金而向银行等金融机构借入的款项称为( )。
   A. 长期借款　　　　　　　B. 短期借款
   C. 长期负债　　　　　　　D. 流动负债

3. "实收资本"账户一般是按照( )设置明细科目。
   A. 企业名称　　　　　　　B. 捐赠者
   C. 投资者　　　　　　　　D. 受资企业

4. 借入资金一般都是采用借入( )的方式进行。
   A. 货币性资产　　　　　　B. 实物资产
   C. 无形资产　　　　　　　D. 固定资产

5. ( )是指为筹集生产经营所需资金而发生的费用。
   A. 财务费用　　　　　　　B. 借入资本
   C. 投入资本　　　　　　　D. 管理费用

6. 结算工资时生产工人的工资应借记( )账户。
   A. 制造费用　　　　　　　B. 材料采购
   C. 生产成本　　　　　　　D. 主营业务成本

7. 属于"制造费用"核算内容的是( )。
   A. 管理部门人员的工资　　B. 生产部门管理人员的工资
   C. 销售部门人员的工资　　D. 生产工人的工资

8. 行政管理部门人员的工资分配时应计入( )账户。
   A. "管理费用"　　　　　　B. "制造费用"
   C. "生产成本"　　　　　　D. "库存商品"

9. "生产成本"账户的期末余额表示( )。
   A. 期末库存产成品成本　　B. 期末在产品成本
   C. 本期生产成本　　　　　D. 本期完工产品成本

10. 下列不属于采购费用的项目有( )。
    A. 装卸费　　　　　　　　B. 运杂费
    C. 途中合理损耗　　　　　D. 采购员差旅费

11. 某企业(增值税一般纳税人)从外地购进甲材料,买价3 200元(不含增值税),外地运杂费120元,采购员差旅费105元,那么该材料实际成本是( )元。
    A. 3 425　　　　　　　　　B. 3 200

C. 3 305 D. 3 320

12. 企业购入材料发生的运杂费等采购费用,应计入( )。
   A. 材料采购成本 B. 生产成本
   C. 管理费用 D. 产品销售成本

13. 在( )情况下,贷记"预付账款"账户。
   A. 收购货单位的货款 B. 向供应商预付货款
   C. 收到供应单位提供的材料时 D. 用产品或劳务抵偿预收货款

14. 企业"应付账款"账户的借方余额反映的是( )。
   A. 应付给供货单位的款项 B. 预收供货单位的款项
   C. 预付给供货单位的款项 D. 应收购货单位的款项

15. 企业购入材料发生的运杂费等采购费用,应计入( )。
   A. 管理费用 B. 在途物资
   C. 生产成本 D. 销售费用

16. "在途物资"账户的贷方对应科目应为( )账户。
   A. "原材料" B. "应付账款"
   C. "应付票据" D. "银行存款"

17. 下列项目中,不属于材料采购费用的是( )。
   A. 材料的运输费 B. 材料的装卸费
   C. 材料入库前的挑选整理费用 D. 材料的买价

18. 下列不应确认为营业外支出的是( )。
   A. 公益性捐赠支出 B. 非流动资产处置损失
   C. 固定资产盘亏损失 D. 固定资产累计折旧

19. 下列各项费用不属于管理费用的是( )。
   A. 采购人员的差旅费 B. 工会经费
   C. 销售商品的运输费 D. 业务招待费

20. 企业"固定资产"账户是用来反映固定资产的( )。
   A. 磨损价值 B. 原始价值
   C. 累计折旧 D. 折余价值

21. 下列费用中,不计入产品成本,直接计入当期损益的是( )。
   A. 直接材料费用 B. 制造费用
   C. 期间费用 D. 直接人工费用

22. 收到开户银行的存款利息应计入的账户是( )。
   A. 销售费用 B. 制造费用
   C. 管理费用 D. 财务费用

23. 下列账户中,期末一般有余额的账户是( )。
   A. "原材料" B. "管理费用"
   C. "销售费用" D. "财务费用"

24. 企业计提短期借款的利息支出时应借记的账户是( )。
   A. 销售费用 B. 制造费用

C. 管理费用　　　　　　　　　D. 财务费用

25. 下列不属于期间费用的是(　　)。
    A. 制造费用　　　　　　　　　B. 管理费用
    C. 财务费用　　　　　　　　　D. 销售费用

26. 固定资产因损耗而减少的价值,应记入(　　)账户的贷方。
    A."累计折旧"　　　　　　　　B."固定资产"
    C."管理费用"　　　　　　　　D."制造费用"

27. 某企业某月"制造费用"共发生8 000元,月末按工时在甲、乙两种产品之间分配,其中甲产品20 000工时,乙产品有30 000工时,甲产品应分配的制造费用为(　　)。
    A. 2 000元　　　　　　　　　B. 4 000元
    C. 3 200元　　　　　　　　　D. 3 000元

28. 能计入产品成本的是(　　)。
    A. 行政管理人员的工资　　　　B. 车间管理人员的工资
    C. 专设销售机构人员的工资　　D. 在建工程人员的工资

29. 企业接受其他单位或个人捐赠固定资产时,应贷记的账户是(　　)。
    A."营业外收入"　　　　　　　B."实收资本"
    C."资本公积"　　　　　　　　D."盈余公积"

30. 材料销售取得的收入应在(　　)账户中核算。
    A. 主营业务收入　　　　　　　B. 其他业务收入
    C. 营业外收入　　　　　　　　D. 投资收益

31. 结转材料销售成本时应记入(　　)账户的借方。
    A. 主营业务成本　　　　　　　B. 其他业务成本
    C. 营业外支出　　　　　　　　D. 投资损失

32. 企业发生的业务招待费,应当计入(　　)。
    A. 管理费用　　　　　　　　　B. 营业外支出
    C. 销售费用　　　　　　　　　D. 其他业务成本

33. 企业期末结账时,应将本期发生的各类支出转入(　　)。
    A."利润分配"的借方　　　　　B."利润分配"的贷方
    C."本年利润"的借方　　　　　D."本年利润"的贷方

34. 不影响本期营业利润的项目是(　　)。
    A. 主营业务成本　　　　　　　B. 营业外支出
    C. 管理费用　　　　　　　　　D. 销售费用

35. 制造企业购进材料在运输途中发生的合理损耗应(　　)。
    A. 计入销售费用　　　　　　　B. 由运输单位赔偿
    C. 计入材料采购成本　　　　　D. 由保险公司赔偿

二、多项选择题

1. 材料采购成本包括(　　)。
    A. 材料入库前的挑选整理费　　B. 材料运输途中的合理损耗
    C. 材料的买价　　　　　　　　D. 采购部门人员的工资

2. 下列各项中,会引起企业资产增加的是( )。
   A. 盈余公积转增资本　　　　　B. 企业借入的资金
   C. 资本公积转增实收资本　　　D. 企业接受捐赠
3. 某企业销售产品一批,价款5 000元,增值税850元,货款收回存入银行,这笔经济业务涉及的账户有( )。
   A. "银行存款"账户　　　　　　B. "应收账款"账户
   C. "主营业务收入"账户　　　　D. "应交税费——应交增值税(销项)"账户
4. 下列经济业务会引起资产总额发生变化的是( )。
   A. 以银行存款归还前欠货款　　B. 购入材料50 000元,货款未付
   C. 投资者投入设备一台　　　　D. 以银行存款归还短期借款
5. 下列费用应计入材料采购成本的是( )。
   A. 装卸费　　　　　　　　　　B. 途中保险费
   C. 入库前的整理挑选费　　　　D. 采购机构的经费
6. 产品的生产成本包括( )。
   A. 直接材料　　　　　　　　　B. 直接人工
   C. 采购费用　　　　　　　　　D. 制造费用
7. 与"应付职工薪酬"账户贷方对应的会计科目可能有( )账户。
   A. "生产成本"　　　　　　　　B. "管理费用"
   C. "制造费用"　　　　　　　　D. "销售费用"
8. 下列属于"管理费用"账户核算内容的有( )。
   A. 业务人员差旅费　　　　　　B. 董事会经费
   C. 业务招待费　　　　　　　　D. 车间管理人员的工资
9. 企业预付材料价款,可以记入( )。
   A. "预付账款"账户借方　　　　B. "预付账款"账户贷方
   C. "应付账款"账户借方　　　　D. "应付账款"账户贷方
10. 材料采购成本不包括( )。
    A. 采购部门人员的工资　　　　B. 采购途中的合理损耗
    C. 入库后的挑选整理费　　　　D. 采购部门人员的差旅费
11. 下列账户中,属于负债类账户的是( )。
    A. 应付账款　　　　　　　　　B. 预收账款
    C. 应收账款　　　　　　　　　D. 预付账款
12. 下列属于期间费用的有( )。
    A. 直接人工　　　　　　　　　B. 财务费用
    C. 管理费用　　　　　　　　　D. 销售费用
13. 下列属于直接费用的有( )。
    A. 固定资产折旧　　　　　　　B. 生产产品耗用的材料
    C. 生产工人工资　　　　　　　D. 车间管理人员工资
14. 下列不应计入产品生产成本的项目有( )。
    A. 业务人员工资　　　　　　　B. 财务人员工资

C. 车间管理人员工资　　　　　　D. 生产工人工资

15. "财务费用"账户核算的内容包括( )。
    A. 银行存款存款利息　　　　　B. 银行借款利息
    C. 汇兑损失　　　　　　　　　D. 银行手续费

16. "营业外支出"账户核算的主要内容有( )。
    A. 借款利息支出　　　　　　　B. 罚款支出
    C. 捐赠支出　　　　　　　　　D. 自然灾害造成的损失

17. 下列各项税金中,通过"营业税金及附加"核算的有( )。
    A. 增值税　　　　　　　　　　B. 消费税
    C. 营业税　　　　　　　　　　D. 印花税

18. 在下列各项费用中,属于"制造费用"的有( )。
    A. 机物料消耗　　　　　　　　B. 生产部门管理人员工资
    C. 生产产品耗用材料　　　　　D. 管理部门办公费

19. "销售费用"的内容包括( )。
    A. 采购材料的运杂费　　　　　B. 销售广告费
    C. 销售网点人员工资　　　　　D. 销售途中的保险费

20. 企业的资本金按其投资主体不同可以分为( )。
    A. 货币投资　　　　　　　　　B. 国家投资
    C. 法人投资　　　　　　　　　D. 外商投资

21. 企业实现的净利润应进行下列分配中的( )。
    A. 计算缴纳所得税　　　　　　B. 向投资人分配利润
    C. 提取法定盈余公积金　　　　D. 提取任意盈余公积金

22. 下列关于"本年利润"账户的说法正确的是( )。
    A. 借方登记期末由损益类账户转入的各项支出
    B. 贷方登记期末由损益类账户转入的各项收入
    C. 借方余额为发生的亏损
    D. 贷方余额为实现的净利润

23. 下列账户中,月末一般没有余额的是( )。
    A. "生产成本"　　　　　　　　B. "销售费用"
    C. "管理费用"　　　　　　　　D. "财务费用"

24. 主营业务收入是企业在( )等经营业务过程中实现的收入。
    A. 销售产成品　　　　　　　　B. 销售原材料
    C. 提供工业性劳务　　　　　　D. 销售包装物

25. 制造业企业的其他业务收入可以通过( )取得。
    A. 销售材料　　　　　　　　　B. 罚款
    C. 吸收投资　　　　　　　　　D. 出租包装物

26. 以下属于所有者权益的账户是( )。
    A. 本年利润　　　　　　　　　B. 营业外收入
    C. 实收资本　　　　　　　　　D. 营业外支出

27. 企业购入需要安装的生产设备一台,用银行存款支付价款、税金、运费。这项业务涉及的账户有(　　)。
   A. "原材料"　　　　　　　　B. "银行存款"
   C. "在建工程"　　　　　　　D. "应交税费"
28. 下列各项中,应记入"营业外收入"账户贷方的有(　　)。
   A. 出租设备的租金收入　　　B. 销售材料的收入
   C. 罚款收入　　　　　　　　D. 接受捐赠
29. 为了反映企业在一定时期内利润的实现和分配情况,应设置(　　)账户。
   A. "本年利润"　　　　　　　B. "利润分配"
   C. "银行存款"　　　　　　　D. "库存现金"
30. 属于"销售费用"账户核算内容的是(　　)。
   A. 宣传产品的广告费　　　　B. 销售产品的运输费
   C. 销售人员的工资　　　　　D. 销售人员的差旅费

三、判断题

1. 所有的制造费用都应该直接计入"生产成本"。　　　　　　　　　　　　(　　)
2. "固定资产"和"累计折旧"账户余额方向相反。　　　　　　　　　　　(　　)
3. "本年利润"账户的余额一定在贷方。　　　　　　　　　　　　　　　(　　)
4. 成本类账户和损益类账户都没有余额。　　　　　　　　　　　　　　(　　)
5. 为生产产品领用的原材料费用计入产品成本。　　　　　　　　　　　(　　)
6. 企业借入16个月的银行借款应计入短期借款账户。　　　　　　　　　(　　)
7. 材料的采购成本包括材料买价、采购费用、采购人员差旅费。　　　　(　　)
8. 生产费用是指产品生产过程中所发生的各项耗费。　　　　　　　　　(　　)
9. 车间领用作为一般耗用的原材料,应相应地增加企业的管理费用。　　(　　)
10. "生产成本"账户期末若有借方余额,表示企业月末有在产品。　　　 (　　)
11. 企业发生的财务费用会直接影响企业的营业利润。　　　　　　　　 (　　)
12. 企业发生的展览费和广告费应计入"销售费用"。　　　　　　　　　 (　　)
13. 对于预收货款业务不多的企业,可以不单独设置"预收账款"账户,其发生的预收货款通过"应收账款"账户核算。　　　　　　　　　　　　　　　　　　　　(　　)
14. 期间费用是指不能直接归属于某个特定产品成本的费用,如销售费用、管理费用、财务费用。　　　　　　　　　　　　　　　　　　　　　　　　　　　　(　　)
15. "营业税金及附加"账户是用来核算企业应向税务部门缴纳的各种税,包括增值税、消费税、营业税、资源税、城市维护建设税、所得税等。　　　　　　　(　　)
16. 计算财务成果的方法是将所有的损益类账户于期末全部转入"利润分配"账户,然后进行比较。　　　　　　　　　　　　　　　　　　　　　　　　　　(　　)
17. 企业筹集资金的业务包括接受外单位或个人捐赠资产。　　　　　　 (　　)
18. "应交税费"账户的余额一定在贷方,表示应交未交的税金。　　　　 (　　)
19. 企业购入材料的实际成本就是材料的买价。　　　　　　　　　　　 (　　)
20. 企业计提固定资产折旧时应记入"管理费用"的借方。　　　　　　　(　　)

四、名词解释

直接费用　直接材料　直接人工　制造费用

五、思考题

1. 实收资本入账价值如何确定？
2. 材料采购成本由哪几部分构成？
3. 产品生产成本由哪几部分构成？
4. 什么是生产费用？包括哪几部分？
5. "制造费用"账户核算的内容有哪些？
6. "管理费用"账户核算的内容有哪些？
7. 简述企业利润分配的顺序。

六、业务题

（一）【目的】练习筹资业务的核算。

【资料】某工厂20××年12月份发生如下经济业务：

1. 接受B公司投入现款100 000元存入银行。
2. 接受某公司投入全新设备一台，双方确认价80 000元，材料10吨，确认价5 000元。相关手续已办完（假设不考虑增值税）。
3. 接受C公司投入一项非专利技术，双方确认价格4 000元。
4. 向某金融机构借入一年期借款10 000元存入银行。
5. 借入期限三年的借款200 000元存入银行。
6. 用银行存款100 000元偿还到期的银行短期借款。
7. 计算提取本月的银行短期借款利息5 000元。

【要求】根据以上资料编制相应的会计分录。

（二）【目的】练习采购业务的核算。

【资料】某工厂20××年12月份发生如下材料采购业务：

1. 购入甲材料6 000千克，单价10元，增值税税率17%，价税款尚未支付，材料未到。
2. 用银行存款2 000元支付甲材料外地运杂费。
3. 用银行存款10 000元预付乙材料款。
4. 购入丙材料7 000千克，单价10元，增值税税率为17%，价税款均通过银行付清，材料验收入库。
5. 以前已预付款10 000元的乙材料到货，并验收入库，价税款合计11 700元，增值税税率用银行存款补付差价款。
6. 所购甲材料运到，验收入库，结转甲材料采购成本。
7. 用银行存款偿还前欠甲材料货款。

【要求】编制本月材料采购业务的会计分录。

（三）【目的】练习材料采购成本的计算。

【资料】某工厂是增值税一般纳税人，材料按照实际成本进行日常核算。20××年12月份发生如下采购业务：

1. 购进原材料，其中甲材料1 000千克，单价12元。乙材料600千克，单价18元，增值税税率17%，价税款以银行存款支付，材料尚未运到。

2. 以现金支付运杂费 320 元。
3. 材料运到，验收入库。

【要求】
(1) 编制采购材料的会计分录。
(2) 按材料重量分配运杂费，编制会计分录(要列出计算过程)。
(3) 编制材料采购成本计算表。
(3) 编制材料验收入库的会计分录。
(4) 登记在途物资明细账。

材料采购成本计算表

成本项目	甲材料( )		乙材料( )	
	总成本	单位成本	总成本	单位成本
买价				
采购费用				
合计				

借方	在途物资——甲材料	贷方	借方	在途物资——乙材料	贷方

(四)【目的】练习产品生产业务的核算。

【资料】某工厂 20×× 年 12 月份发生如下产品生产业务。
1. 本月各部门领料汇总如下表：

发出材料汇总表
20×× 年 12 月 31 日

用途	领料单位	甲材料		乙材料		丙材料		合计
		数量	金额	数量	金额	数量	金额	
生产耗用	A 产品	略	35 000	略	12 000	略	4 000	51 000
	B 产品		15 000		28 000		6 000	49 000
一般耗用	一车间		700				200	900
	管理部门		100					100
	合计		50 800		40 000		10 200	101 000

2. 本月应付职工工资 91 000 元，具体分配如下：

  A 产品生产工人工资   50 000 元
  B 产品生产工人工资   20 000 元
  车间管理人员工资   9 000 元
  厂部管理人员工资   12 000 元
  合计   91 000 元

3. 以银行存款支付本月份水电费，其中基本生产车间 2 500 元，厂部 3 000 元。
4. 计提本月份固定资产折旧：
  基本生产车间固定资产折旧   5 400 元

　　　　厂部固定资产折旧费　　　　　　　　　　　　　3 000 元

5. 以库存现金支付本月办公费。其中厂部 120 元,车间 100 元。
6. 通过银行支付职工工资 91 000 元。
7. 车间主任出差预借差旅费 500 元,以现金支付。
8. 车间主任报销差旅费 440 元,余款退回。
9. 本月制造费用由 A、B 产品负担,分配制造费用。(列出计算过程)
10. 本月 A 产品 100 台全部完工,验收入库,结转完工入库产品成本。

【要求】

(1) 编制以上经济业务的会计分录。
(2) 登记"制造费用""生产成本"明细账。
(2) 以生产工人工资为标准分配制造费用,编制制造费用分配表。
(3) 编制完工产品成本计算表。

借方	制造费用	贷方

借方	生产成本——A 产品	贷方	借方	生产成本——B 产品	贷方

制造费用分配表

部门名称　　　　　　　　　　20××年 12 月　　　　　　　　　　　　单位:元

产品名称	分配标准	分配率	分配金额
A 产品			
B 产品			
合计			

生产成本计算表

　　　　　　　　　　　　　　20××年 12 月　　　　　　　　　　　　单位:元

成本项目	A 产品	
	总成本(100 件)	单位成本
直接材料		
直接人工		
制造费用		
产品生产成本		

(五)【目的】练习销售业务的核算。

【资料】某工厂20××年12月份发生如下销售业务。

1. 销售B产品100件,每件售价50元,增值税税率17%,收到转账支票一张存入银行。

2. 向M公司销售A产品100件,每件售价45元,增值税销项税额7 650元,价税合计5 265元,对方暂欠货款。

3. 以银行存款垫支M公司所购A产品运费500元。

4. 销售B产品200件,每件售价50元,增值税1 700元,款项已收存银行。

5. 以银行存款支付电视广告费用10 000元。

6. 预收N公司购买A产品货款10 000元存入银行。

7. 发出A产品1 000件给N公司,每件售价50元,增值税8 500元,收到N公司补付的货款存入银行。

8. 以现金支付上述销售给N公司A产品的包装费200元。

9. 收到M公司购买A产品的货款、增值税及代垫运费5 765元。

10. 结转本月已售产品的销售成本,其中A产品的单位成本为每件30元,B产品的单位成本为每件38元。

11. 计算本月应负担的城建税等税金540元。

【要求】根据以上经济业务编制会计分录。

(六)【目的】练习利润形成及分配业务的核算。

【资料】某工厂20××年12月份发生如下经济业务。

1. 用银行存款支付罚款支出1 500元。

2. 计提应由本月负担的银行短期借款利息5 000元。

3. 销售材料一批,价款100 000元,增值税税率为17%,收到转账支票一张存入银行。

4. 结转上述已售材料的成本70 000元。

5. 收到购买方违约金收入2 000元,存入银行。

6. 结转本月实现的各项收入,其中:主营业务收入890 000元,其他业务收入100 000元,营业外收入2 000元。

7. 结转本月发生的各项费用,其中:主营业务成本600 000元,其他业务成本70 000元,销售费用5 000元,营业税金及附加2 300元,管理费用14 000元,财务费用800元,营业外支出1 500元。

8. 1~11月份累计实现利润总额1 000 000元。计算并结转本年应交所得税(无税前扣除项目,所得税税率25%)。

9. 结转全年实现的净利润。

10. 按全年实现净利润的10%计提法定盈余公积。

11. 用全年实现净利润的20%向投资者分配利润。

12. 结转"利润分配"明细分类账户。

13. 用银行存款支付向投资者分配的利润。

【要求】根据上述经济业务编制会计分录。

(七)【目的】练习制造业企业主要经济业务的核算。

【资料】某制造业企业发生如下经济业务。

1. 收到开户银行通知,申请的一般借款 600 000 元已存入公司银行账户。贷款期限 9 个月,年利率 6%,到期一次还本付息。

2. 销售 A 产品一批,货款 25 000 元,B 产品一批,货款 10 000 元,增值税销项税额 5 950 元,收到转账支票一张已送存银行。

3. 购入一台办公设备,买价 20 000 元,发生运输费、装卸费等 1 000 元,款项已通过银行支付,设备运到,投入安装。

4. 开出一张金额 10 000 元的转账支票,预付 B 公司甲材料款。

5. 从银行提取现金 89 000 元,准备发放工资。

6. 用现金 89 000 元发放工资。

7. 生产部门购入技术人员用绘图纸,支付现金 210 元。

8. 开出转账支票 10 000 元支付某报纸的广告费。

9. 收到开户银行到款通知,S 公司上月所欠购货款 11 700 元已转入企业账户。

10. 用转账支票购买行政管理部门的办公用品一批,共计 450 元。

11. 以转账支票支付前欠 A 公司材料采购款 15 000 元。

12. 车间主任王华出差借款 1 000 元,以现金付讫。

13. 本月投产的 A 产品 200 件全部完工,总成本 120 030 元;B 产品完工 200 件,总成本 260 000 元,产品已验收入库。

14. 职工李军报销医药费 600 元,以现金付讫。

15. 计提本月应负担的银行短期借款利息 3 200 元。

16. 用银行存款偿还银行短期借款 50 000 元。

17. 结算本月职工工资 89 000 元,其中,生产 A 产品的生产工人 30 000 元,生产 B 产品的生产工人 25 000 元,生产车间管理人员工资 12 000 元,行政管理部门人员 22 000 元。

18. 银行存款上缴增值税 3 000 元,所得税 6 100 元。

19. 计提本月固定资产折旧 3 500 元。其中:生产部门固定资产应提折旧 2 500 元,行政管理部门固定资产折旧 1 000 元。

20. 月末,分配本月发生的制造费用计 49 000 元。其中 A 产品负担 32 000 元,B 产品负担 17 000 元。

21. 收到国家投入资本 200 000 元,存入银行。

22. 生产 A 产品领用甲材料 50 千克,单价 12 元,领用乙材料 20 千克,单价 18 元。

23. 出售 A 产品 1 000 件,单价 28 元,B 产品 500 件,单价 14 元,增值税税率 17%,款项尚未收到。

24. 以银行存款支付产品销售过程中的运杂费 800 元。

25. 结转已销售产品成本,其中 A 产品每件 20 元,共 1 000 件,B 产品每件 10 元,共 500 件。

26. 出纳员将库存现金 1 200 元存入银行。

27. 收到某公司转账支票一张,金额 50 000 元,系预付购货款。

28. 销售材料 10 千克,单价 20 元,增值税税率 17%,价税款存入银行。

29. 结转已销售材料成本,单位成本 10 元,共 100 元。

30. 结算本期应负担的城市维护建设税、教育费附加共 520 元。

31. 结转损益类费用账户发生额,主营业务成本 50 000 元,其他业务成本 1 000 元,营业税金及附加 520 元,营业外支出 500 元,管理费用 10 000 元,财务费用 500 元,销售费用 2 000 元。

32. 结转损益类收入账户发生额,主营业务收入 90 000 元,其他业务收入 3 000 元,营业外收入 1 000 元。

33. 计算并结转应交所得税 1 680 元。

34. 从银行取得期限 3 年的借款 100 000 元,存入存款账户。

35. 按净利润 10% 提取盈余公积金 7 481 元。

36. 结转税后净利润 74 810 元。

37. 计算应向投资者分配的利润 15 972 元。

38. 用银行存款支付应付给投资者的利润 1 900 元。

【要求】根据上述经济业务编制会计分录。

参考答案

一、单项选择题
1. D 2. B 3. C 4. A 5. A 6. C 7. B 8. A 9. B 10. D
11. D 12. A 13. C 14. C 15. B 16. A 17. D 18. D 19. C 20. B
21. C 22. D 23. A 24. D 25. A 26. A 27. C 28. B 29. A 30. B
31. B 32. A 33. C 34. B 35. C

二、多项选择题
1. ABC 2. BD 3. ACD 4. ABCD 5. ABC 6. ABD 7. ABCD 8. ABC
9. AC 10. ACD 11. AB 12. BCD 13. BC 14. AB 15. ABCD 16. BCD
17. BC 18. AB 19. BCD 20. BCD 21. BCD 22. ABCD 23. BCD 24. AC
25. AD 26. AC 27. BCD 28. CD 29. AB 30. AB

三、判断题
1. × 2. √ 3. × 4. × 5. √ 6. × 7. × 8. √ 9. × 10. √
11. √ 12. √ 13. √ 14. × 15. × 16. × 17. × 18. × 19. × 20. ×

四、名词解释

直接费用是指能确认是为生产某种产品所耗用的并且能直接按有关产品进行归集的生产费用。

直接材料是指构成产品实体的各种原料及主要材料,或虽不构成产品实体,但有助于产品形成的各种辅助材料。

直接人工是指直接参与产品生产的工人的工资以及按照国家有关法律法规应当由企业负担的生产工人的职工福利、社会保险费、住房公积金等。

制造费用是指生产车间为生产几种产品共同耗用,或为组织和管理生产,为生产提供共同服务等所发生的,不能直接归集到某种产品生产成本中的生产费用。

五、思考题

1. 投资者投入资本是按照实际收到的投资额入账的,但是由于投入资本形式的不同又有所不同。主要包括:

(1)投资人以货币出资的,以实际收到的金额作为资产的入账价值。

(2)投资人以其他形式出资的,按照投资合同或协议约定的价值确定,但合同或协议约定价值不公允的除外。

(3)投入资本的入账价值与其在注册资本或股本中所占份额的差额,应作为超面额缴入资本,作为资本公积金处理。

2. 材料采购成本包括购买价款、相关税费和采购费用三部分。

(1)购买价款。购买价款即买价,企业与供应单位的成交价格,供应单位的发票价格。

(2)相关税费。相关税费包括流转税和进口货物的关税。

(3)采购费用。采购费用是指企业外购材料在验收入库以前需要支付的有关费用,也称购货费用。主要包括运杂费(运输费、包装费、装卸费、运输途中的仓储费和保险费等)、运输途中的合理损耗、入库前的挑选整理费、其他可归属于存货采购成本的费用。

3. 产品生产成本应当包括直接材料、直接人工、制造费用三项内容。

(1)直接材料。直接材料指构成产品实体的各种原料及主要材料,或虽不构成产品实体,但有助于产品形成的各种辅助材料。包括企业生产经营过程中实际消耗的原料及主要材料、辅助材料、备品配件、外购半成品、燃料、动力、包装物,以及其他直接材料等。

(2)直接人工。直接人工是指直接参与产品生产的工人的工资以及按照国家有关法律法规应当由企业负担的生产工人的职工福利、社会保险费、住房公积金等。

(3)制造费用。制造费用是指生产车间为生产几种产品共同耗用,或为组织和管理生产,为生产提供共同服务等所发生的,不能直接归集到某种产品生产成本中的生产费用。主要包括生产部门发生的一般性的机物料消耗、生产车间管理人员的工资等职工薪酬、固定资产的折旧费、修理费、办公费、水电费、差旅费、季节性停工损失以及其他有关费用等。

4. 生产费用是企业一定时期为生产产品而发生的各种耗费,按照其计入产品生产成本的方式,可以分为直接费用和间接费用。

直接费用是指能确认是为生产某种产品所耗用的并且能直接按有关产品进行归集的生产费用。直接费用一般包括直接材料费用和直接人工费用。

间接费用是指生产部门为组织和管理生产而发生的共同费用和不能直接计入产品成本的各项费用,通常称为制造费用。制造费用采用一定的分配方法分配计入产品成本。

5. "制造费用"账户用来核算企业生产车间(部门)为生产产品和提供劳务而发生的各项间接费用。包括生产车间管理人员的工资等职工薪酬、机物料消耗、生产车间计提的固定资产折旧费、办公费、水电费、差旅费、季节性停工损失等。

6. "管理费用"账户用来核算企业行政管理部门为组织和管理生产经营所发生的费用,包括企业筹建期间内的开办费、董事会和行政管理部门在企业的经营管理中发生的或者应由企业统一负担的公司经费(包括行政管理部门职工工资及福利等薪酬、物料消耗、办公费和差旅费等)、工会经费、董事会费(包括董事会成员津贴、会议费和差旅费等)、聘请中介机构费、咨询费(含顾问费)、诉讼费、业务招待费、房产税、车船使用税、土地使用税、印花税、技术转让费、矿产资源补偿费、研究费用、排污费等。

7.《公司法》规定,利润应按以下顺序进行分配:

(1)提取法定公积金。法定公积金是公司的公共积累资金,主要用于弥补亏损,或转增资本、扩大企业经营规模。《公司法》规定其提取比例是税后利润的10%。法定公积金累计额达到公司注册资本的50%以上的,可以不再提取。如果公司的法定公积金不足以弥补以前年度亏损的,在提取法定公积金之前,应当先用当年利润弥补亏损,然后再提取法定公积金。

(2)提取任意公积金。任意公积金的用途与法定公积金相同。任意公积金是否计提、计提比例是多少由公司自行决定。

(3)向投资人分配利润或股利。公司不得在弥补亏损和提取法定公积金之前向股东分配利润。

六、业务题

(一)

1. 借:银行存款　　　　　　　100 000
　　贷:实收资本　　　　　　　　　100 000
2. 借:固定资产　　　　　　　 80 000
　　　原材料　　　　　　　　　5 000
　　贷:实收资本　　　　　　　　　 85 000
3. 借:无形资产　　　　　　　　4 000
　　贷:实收资本　　　　　　　　　　4 000
4. 借:银行存款　　　　　　　 10 000
　　贷:短期借款　　　　　　　　　 10 000
5. 借:银行存款　　　　　　　200 000
　　贷:长期借款　　　　　　　　　200 000
6. 借:短期借款　　　　　　　100 000
　　贷:银行存款　　　　　　　　　100 000

7. 借:财务费用　　　　　　　　　　　　5 000
　　贷:应付利息　　　　　　　　　　　　　　5 000

(二)
1. 借:在途物资——甲材料　　　　　　　60 000
　　　应交税费——应交增值税(进项税额)　10 200
　　贷:应付账款　　　　　　　　　　　　　　70 200
2. 借:在途物资——甲材料　　　　　　　 2 000
　　贷:银行存款　　　　　　　　　　　　　　 2 000
3. 借:预付账款　　　　　　　　　　　　10 000
　　贷:银行存款　　　　　　　　　　　　　　10 000
4. 借:原材料——丙材料　　　　　　　　70 000
　　　应交税费——应交增值税(进项税额)　11 900
　　贷:银行存款　　　　　　　　　　　　　　81 900
5. 借:原材料——乙材料　　　　　　　　10 000
　　　应交税费——应交增值税(进项税额)　 1 700
　　贷:预付账款　　　　　　　　　　　　　　10 000
　借:预付账款　　　　　　　　　　　　 1 700
　　贷:银行存款　　　　　　　　　　　　　　 1 700
6. 借:原材料——甲材料　　　　　　　　60 000
　　贷:在途物资——甲材料　　　　　　　　　60 000
7. 借:应付账款　　　　　　　　　　　　70 200
　　贷:银行存款　　　　　　　　　　　　　　70 200

(三)
1. 借:在途物资——甲材料　　　　　　　12 000
　　　在途物资——乙材料　　　　　　　10 800
　　　应交税费——应交增值税(进项税额)　 3 876
　　贷:银行存款　　　　　　　　　　　　　　26 676

$$\text{分配率} = \frac{320}{1\,000+600} = 0.2(\text{元}/\text{千克})$$

甲材料分配额 = 1 000 × 0.2 = 200(元)
乙材料分配额 = 600 × 0.2 = 120(元)

　借:在途物资——甲材料　　　　　　　　 200
　　　在途物资——乙材料　　　　　　　　 120
　　贷:库存现金　　　　　　　　　　　　　　　320

材料采购成本计算表

成本项目	甲材料(1 000 千克)		乙材料(600 千克)	
	总成本	单位成本	总成本	单位成本
买价	12 000	12.00	10 800	18.00
采购费用	200	0.20	120	0.20
合计	12 200	12.20	10 920	18.20

　借:原材料——甲材料　　　　　　　　 12 200
　　　原材料——乙材料　　　　　　　　 10 920
　　贷:在途物资——甲材料　　　　　　　　　12 200
　　　　在途物资——乙材料　　　　　　　　　10 920

借方	在途物资——甲材料	贷方	借方	在途物资——乙材料	贷方
12 000			10 800		
200		12 200	120		10 920
本期发生额 12 200		本期发生额 12 200	本期发生额 10 920		本期发生额 10 920

(四)
1. 借:生产成本——A产品　　　　51 000
　　　生产成本——B产品　　　　49 000
　　　制造费用　　　　　　　　　　900
　　　管理费用　　　　　　　　　　100
　　　贷:原材料——甲材料　　　　50 800
　　　　　原材料——乙材料　　　　40 000
　　　　　原材料——丙材料　　　　10 200
2. 借:生产成本——A产品　　　　50 000
　　　生产成本——B产品　　　　20 000
　　　制造费用　　　　　　　　　9 000
　　　管理费用　　　　　　　　 12 000
　　　贷:应付职工薪酬　　　　　 91 000
3. 借:制造费用　　　　　　　　　2 500
　　　管理费用　　　　　　　　　3 000
　　　贷:银行存款　　　　　　　　5 500
4. 借:制造费用　　　　　　　　　5 400
　　　管理费用　　　　　　　　　3 000
　　　贷:累计折旧　　　　　　　　8 400
5. 借:制造费用　　　　　　　　　　100
　　　管理费用　　　　　　　　　　120
　　　贷:库存现金　　　　　　　　　220
6. 借:应付职工薪酬　　　　　　 91 000
　　　贷:银行存款　　　　　　　 91 000
7. 借:其他应收款　　　　　　　　　500
　　　贷:库存现金　　　　　　　　　500
8. 借:制造费用　　　　　　　　　　440
　　　库存现金　　　　　　　　　　 60
　　　贷:其他应收款　　　　　　　　500
9.

$$\text{制造费用分配率} = \frac{18\ 340}{50\ 000 + 20\ 000} = 0.262（元/工时）$$

A产品应分配制造费用额 = 0.262 × 50 000 = 13 100
B产品应分配制造费用额 = 0.262 × 20 000 = 5 240
　借:生产成本——A产品　　　　13 100
　　　生产成本——B产品　　　　 5 240
　　　贷:制造费用　　　　　　　 18 340
10. 借:库存商品——A产品　　　 114 100
　　　贷:生产成本——A产品　　 114 100

借方	制造费用		贷方
(1)	900	(9)	18 340
(2)	9 000		
(3)	2 500		
(4)	5 400		
(5)	100		
(8)	440		
本期发生额	18 340	本期发生额	18 340

借方	生产成本——A产品		贷方
(1)	51 000		
(2)	50 000		
(9)	13 100		
本期发生额	114 100	本期发生额	114 100

借方	生产成本——B产品		贷方
(1)	49 000		
(2)	20 000		
(9)	5 240		
本期发生额	74 240		
期末余额	74 240		

制造费用分配表

部门名称　　　　　　　　　　20××年12月　　　　　　　　　　　　　单位:元

产品名称	分配标准	分配率	分配金额
A产品	50 000		13 100
B产品	20 000		5 240
合　　计	70 000	0.262	18 340

生产成本计算表

　　　　　　　　　　　　　　20××年12月　　　　　　　　　　　　　单位:元

成本项目	A产品	
	总成本(100件)	单位成本
直接材料	51 000	510.00
直接人工	50 000	500.00
制造费用	13 100	131.00
产品生产成本	114 100	1 141.00

(五)

1. 借:银行存款　　　　　　　　　　　　　5 850
　　贷:主营业务收入　　　　　　　　　　　5 000
　　　　应交税费——应交增值税(销项税额)　850
2. 借:应收账款——M公司　　　　　　　　5 265
　　贷:主营业务收入　　　　　　　　　　　4 500
　　　　应交税费——应交增值税(销项税额)　765
3. 借:应收账款——M公司　　　　　　　　500
　　贷:银行存款　　　　　　　　　　　　　500
4. 借:银行存款　　　　　　　　　　　　　11 700
　　贷:主营业务收入　　　　　　　　　　　10 000
　　　　应交税费——应交增值税(销项税额)　1 700

5. 借:销售费用 10 000
   贷:银行存款 10 000
6. 借:银行存款 10 000
   贷:预收账款——N公司 10 000
7. 借:预收账款——N公司 58 500
   贷:主营业务收入 50 000
       应交税费——应交增值税(销项税额) 8 500
   借:银行存款 48 500
   贷:预付账款——N公司 48 500
8. 借:销售费用 200
   贷:银行存款 200
9. 借:银行存款 5 765
   贷:应收账款——M公司 5 765
10. 借:主营业务成本——A产品 33 000
    主营业务成本——B产品 11 400
    贷:库存商品——A产品 33 000
       库存商品——B产品 11 400
    A产品销售成本=(100+1 000)×30=33 000
    B产品销售成本=(100+200)×38=11 400
11. 借:营业税金及附加 540
    贷:应交税费——城市维护建设税 540

(六)
1. 借:营业外支出 1 500
   贷:银行存款 1 500
2. 借:财务费用 5 000
   贷:应付利息 5 000
3. 借:银行存款 117 000
   贷:其他业务收入 100 000
       应交税费——应交增值税(销项税额) 17 000
4. 借:其他业务支出 70 000
   贷:原材料 70 000
5. 借:银行存款 2 000
   贷:营业外收入 2 000
6. 借:主营业务收入 890 000
    其他业务收入 100 000
    营业外收入 2 000
    贷:本年利润 992 000
7. 借:本年利润 693 600
   贷:主营业务成本 600 000
      营业税金及附加 2 300
      其他业务成本 70 000
      销售费用 5 000
      管理费用 14 000
      财务费用 800

营业外支出　　　　　　　　　　　　　　　　1 500
8.　　　应交所得税=(1 000 000+992 000-693 600)×25%=324 600
　　借:所得税费用　　　　　　　　　　　324 600
　　　　贷:应交税费——应交所得税　　　　　324 600
　　借:本年利润　　　　　　　　　　　　324 600
　　　　贷:所得税费用　　　　　　　　　　324 600
9.　　　净利润=(1 000 000+992 000-693 600)-324 000=973 800
　　借:本年利润　　　　　　　　　　　　973 800
　　　　贷:利润分配——未分配利润　　　　　973 800
10.　　　　　　　　　　973 800×10%=97 380
　　借:利润分配——提取法定盈余公积　　97 380
　　　　贷:盈余公积——法定盈余公积　　　　97 380
11.　　　　　　　　　　973 800×20%=194 760
　　借:利润分配——应付股利　　　　　194 760
　　　　贷:应付股利　　　　　　　　　　　94 760
12.借:利润分配——未分配利润　　　　292 140
　　　贷:利润分配——提取法定盈余公积　　97 380
　　　　　利润分配——应付股利　　　　　194 760
13.借:应付股利　　　　　　　　　　　194 760
　　　贷:银行存款　　　　　　　　　　　194 760

(七)
1.借:银行存款　　　　　　　　　　　　600 000
　　贷:短期借款　　　　　　　　　　　　600 000
2.借:银行存款　　　　　　　　　　　　40 950
　　贷:主营业务收入——A产品　　　　　25 000
　　　　主营业务收入——A产品　　　　　10 000
　　　　应交税费——应交增值税(销项税额)　5 950
3.借:在建工程　　　　　　　　　　　　21 000
　　贷:银行存款　　　　　　　　　　　　21 000
4.借:预付账款——B公司　　　　　　　10 000
　　贷:银行存款　　　　　　　　　　　　10 000
5.借:库存现金　　　　　　　　　　　　89 000
　　贷:银行存款　　　　　　　　　　　　89 000
6.借:应付职工薪酬　　　　　　　　　　89 000
　　贷:库存现金　　　　　　　　　　　　89 000
7.借:制造费用　　　　　　　　　　　　210
　　贷:库存现金　　　　　　　　　　　　210
8.借:销售费用　　　　　　　　　　　　10 000
　　贷:银行存款　　　　　　　　　　　　10 000
9.借:银行存款　　　　　　　　　　　　11 700
　　贷:应收账款——S公司　　　　　　　11 700
10.借:管理费用　　　　　　　　　　　　450
　　　贷:银行存款　　　　　　　　　　　　450
11.借:应付账款——A公司　　　　　　　15 000

       贷:银行存款   15 000
12. 借:其他应收款——王华   1 000
       贷:库存现金   1 000
13. 借:库存商品——A产品   120 030
       库存商品——B产品   260 000
       贷:生产成本——A产品   120 030
          生产成本——B产品   260 000
14. 借:应付职工薪酬   600
       贷:库存现金   600
15. 借:财务费用   3 200
       贷:应付利息   3 200
16. 借:短期借款   50 000
       贷:银行存款   50 000
17. 借:生产成本——A产品   30 000
       生产成本——B产品   25 000
       制造费用   12 000
       管理费用   22 000
       贷:应付职工薪酬   89 000
18. 借:应交税费——应交增值税   3 000
       应交税费——应交所得税   6 100
       贷:银行存款   9 100
19. 借:制造费用   2 500
       管理费用   1 000
       贷:累计折旧   3 500
20. 借:生产成本——A产品   32 000
       生产成本——B产品   17 000
       贷:制造费用   49 000
21. 借:银行存款   200 000
       贷:实收资本   200 000
22. 借:生产成本——A产品   960
       贷:原材料——甲材料   600
          原材料——乙材料   360
23. 借:应收账款——B公司   40 950
       贷:主营业务收入——A产品   28 000
          主营业务收入——B产品   7 000
          应交税费——应交增值税(销项税额) 5 950
24. 借:销售费用   800
       贷:银行存款   800
25. 借:主营业务成本   25 000
       贷:库存商品——A产品   20 000
          库存商品——B产品   5 000
26. 借:银行存款   1 200
       贷:库存现金   1 200
27. 借:银行存款   50 000

         贷：预收账款   50 000
28. 借：银行存款   234
        贷：其他业务收入   200
            应交税费——应交增值税（销项税额）   34
29. 借：其他业务成本   100
        贷：原材料   100
30. 借：营业税金及附加   520
        贷：应交税费   520
31. 借：本年利润   64 520
        贷：主营业务成本   50 000
            其他业务成本   1 000
            营业税金及附加   520
            销售费用   2 000
            管理费用   10 000
            财务费用   500
            营业外支出   500
32. 借：主营业务收入   90 000
        其他业务收入   3 000
        营业外收入   1 000
        贷：本年利润   94 000
33. 借：所得税费用   1 680
        贷：应交税费——应交所得税   1 680
    借：本年利润   1 680
        贷：所得税费用   1 680
34. 借：银行存款   100 000
        贷：长期借款   100 000
35. 借：利润分配   7 481
        贷：盈余公积   7 481
36. 借：本年利润   74 810
        贷：利润分配——未分配利润   74 810
37. 借：利润分配——应付股利   15 972
        贷：应付股利   15 972
38. 借：应付股利   15 972
        贷：银行存款   15 972

第 5 章

会计循环

 知识点概要

5.1 会计循环概述

1. 会计循环

企业在其较长的存续期间,不断地发生各种交易或事项,会计人员对这些交易或事项进行确认、计量、记录,在此基础上编制财务报告。这个过程一般可以分为以下几个步骤,包括作分录、过账、试算平衡、调整、结账、编表。每一个会计期间,都要完成从分录到报表的一个过程,在连续的会计期间,周而复始地按照一定的步骤、顺序运用会计核算方法进行会计处理的全过程叫作会计循环。

对会计循环的理解:一是从会计期间的角度理解会计循环,或者说从广义的角度理解会计循环,是从交易或事项的确认开始,依次经过计量、记录,实现对交易或事项的会计处理,到最后编制财务报告,完成一个会计期间的会计循环。下一个会计期间依然按照此顺序进行会计循环。二是从具体记录方法的角度,即从狭义的角度理解会计循环,是从填制和审核会计凭证开始,依次运用登记账簿、成本计算、财产清查等方法,到最后编制财务报告,完成一次会计循环。

2. 会计循环的基本步骤

会计循环的基本步骤如图 5.1 表示。

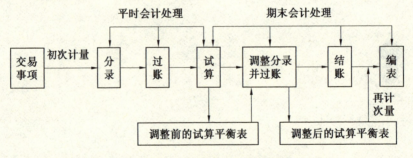

图 5.1 会计循环的基本步骤

5.2 会计确认

会计确认是按照规定的标准和方法,辨认和确定经济信息是否作为会计信息进行正式记录列入财务报告的过程。会计核算过程实质上是信息变换、加工和传输的过程,会计确认是信息变换的关键环节。

会计确认可以分为初次确认和再次确认。

初次确认是指对输入会计核算系统的原始经济信息进行的确认。初次确认是从审核原始凭证开始,对经济业务所产生的原始数据及其内容进行具体的识别、判断、选择和归类,以便对其进行正式的记录。初次确认是经济数据能否转化为会计信息,并进入会计核算系统的筛选过程。初次确认的标准主要是发生的经济业务能否用货币计量,如果发生的经济业务能够用货币计量,则通过初次确认可以进入会计核算系统;如果发生的经济业务不能用货币计量,则排除在会计核算系统之外。

再次确认是指对会计核算系统输出的经过加工的会计信息进行确认。再次确认是依据管理者的需要,确认账簿资料中的哪些内容应列入财务报表,或是在财务报表中应揭示多少财务资料和何种财务资料。再次确认是对已经形成的会计信息再提炼、再加工,以保证其真实性及正确性,满足各会计信息使用者的需要。再次确认的标准主要是会计信息使用者的需要,会计输出的信息应是能够影响会计信息使用者决策的信息。

初次确认决定着经济信息能否转化为会计信息进入会计核算系统,再次确认则是对经过加工的信息再提纯。

会计确认的核心问题是根据什么标准,如什么时间、多少金额对输入会计核算系统的经济信息加以初次确认;对会计核算系统输出的信息进行再次确认。会计确认的标准包括可定义性、可计量性、相关性和可靠性。

5.3 会 计 计 量

会计计量是根据被计量对象的计量属性,选择运用一定的计量基础和计量单位,确定应记录项目金额的会计处理过程。会计确认离不开会计计量,只有经过计量,应输入的数据才能被正式记录,输出的数据才能被最终列入财务报表。会计确认与会计计量总是不可分割地联系在一起,未经确认,就不能进行计量;没有计量,确认也就失去了意义。

会计计量过程包括两方面的内容:(1)被计量对象的实务数量计量;(2)被计量对象的货币表现。这两方面的内容可转化为确定会计计量单位、计量基础以及二者相结合的计量模式。

5.4 期末账项调整

我国企业会计准则规定以权责发生制作为收入、费用确认的原则。按照权责发生制的要求,企业日常会计记录中有关款项在本期虽然没有支付,但应属于本期的费用还未确认,有些款项本期虽然没有收到但应属于本期的收入还未确认。对有些在本期已经支付但不属于或不完全属于本期的费用还没有进行调整;对有些在本期已经收到但不属于或不完全属于本期的收入还没有进行调整。日常会计记录还不能够准确地反映本期的收入与费用,因此在结账前必须进行账项调整。

期末账项调整是指将属于本期已经发生的而尚未入账的收入和费用,按权责发生制的原则调整入账。在会计期末按权责发生制原则调整账簿而编制的会计分录称为调整分录。

期末账项调整的内容主要有以下几类:

1. 应计收入的调整

应计收入是指企业在本期已经对外发出商品、提供劳务或让渡资产使用权,获得了属于本期的收入,但是由于尚未结算或对方延期付款等原因致使本期的收入款项在本期期末尚未收到。包括应收金融机构的存款利息、应收的销货款等。
　　预计利息：
　　借：应收利息
　　　　贷：财务费用
　　收到利息：
　　借：银行存款
　　　　贷：应收利息
　　应收销货款：
　　借：应收账款
　　　　贷：主营业务收入
　　　　　　应交税费
　　收到销货款：
　　借：银行存款
　　　　贷：应收账款
　　2. 预收收入的调整
　　预收收入是指企业已经在本期收到款项，但尚未对外提供商品、劳务或让渡资产使用权，尚未获得属于本期的收入，只有在交付商品、提供劳务或让渡资产使用权后，才能确认为收入。因此这是一项负债性质的收入。预收收入是企业先行按合同收取的货款，这些款项代表的收入，是在后续会计期间随商品或劳务的提供而实现，还包括其他业务的预售款项，如出租包装物的租金收入、出租的房屋收入等。
　　预收货款、租金：
　　借：银行存款
　　　　贷：预收账款
　　销售实现：
　　借：预收账款
　　　　银行存款
　　　　贷：主营业务收入
　　　　　　应交税费——应交增值税（销项税额）
　　期末确认租金收入：
　　借：预收账款
　　　　贷：其他业务收入
　　3. 期末其他账项调整内容
　　期末其他账项调整内容，如应计税金、固定资产折旧、坏账准备的计提、有关资产减值准备、无形资产摊销等经济业务均在月末（年末）处理，所以也属于账项调整内容。

?! 自我训练

一、单项选择题

1. 初次确认实际上是经济数据能否转化为（　　），并进入会计核算系统的筛选过程。

A. 经济信息 B. 原始经济数据
C. 会计信息 D. 会计报告信息
2. 再次确认是指对会计核算系统输出的( )的确认。
A. 会计信息 B. 经济信息
C. 经过加工的会计信息 D. 原始经济信息
3. 再次确认是依据( )的需要,确认账簿资料中的哪些应列入财务报表。
A. 会计核算 B. 货币计量
C. 会计信息使用者 D. 会计监督
4. 初次确认的关键性标准是( )。
A. 可定义性 B. 可计量性
C. 相关性 D. 可靠性
5. 再次确认的关键性标准是( )。
A. 相关性 B. 可计量性
C. 可靠性 D. 审慎性
6. 会计核算过程实质上是一个信息变换、加工和传输的过程,( )是信息变换的关键环节。
A. 会计报告 B. 会计确认
C. 会计计量 D. 会计记录

二、多项选择题

1. 会计确认分为( )。
A. 初次确认 B. 再次确认
C. 会计报告 D. 会计记录
2. 会计确认的标准有( )。
A. 可计量性 B. 相关性
C. 可靠性 D. 可定义性
3. 计量模式的确定因素包括( )。
A. 计量属性 B. 计量单位
C. 计量基础 D. 历史成本
4. 应收金融机构的存款利息以及应收的销货款到期末的处理不正确的是( )。
A. 确认为本期收入 B. 确认为本期债权
C. 确认为本期费用 D. 确认为本期债务
5. 预收出租房屋的租金处理不正确的是( )。
A. 确认为本期收入 B. 确认为本期债权
C. 确认为本期费用 D. 确认为本期债务

三、判断题

1. 会计确认可分为初次确认和再次确认。 ( )
2. 输出的会计信息必须经过再一次确认才能保证其有用性。 ( )
3. 会计确认的核心是会计计量。 ( )
4. 会计核算过程实质上是一个信息变换、加工和传输的过程。 ( )

5. 再次确认的标准是会计信息使用者的需要。（ ）
6. 当企业采用权责发生制核算时，预付的报刊费用应作为支付期的费用处理。（ ）
7. 期末账项调整的标准是权责发生制。（ ）
8. 期末账项调整的目的，是将收入、费用按其归属期的关系严格建立在权责发制的基础上，以正确计算本期损益。（ ）
9. 不论是应计制还是实收实付制，在会计期末都必须进行账项调整。（ ）
10. 计提固定资产折旧也属于期末账项调整的内容。（ ）

四、名词解释

会计循环　会计确认　会计计量　初次确认　再次确认

五、简答题

1. 会计确认的标准有哪些？
2. 如何理解会计循环？会计循环的基本步骤包括什么？
3. 初次确认和再次确认有何区别？
4. 什么是期末账项调整？为什么要进行账项调整？

六、业务题

【目的】练习账项调整的会计处理。

【资料】某工厂20××年6月份有关项目如下：

1. 预提本月银行借款利息1 200元。
2. 开出转账支票支付下半年报刊订阅费600元。
3. 计提本月固定资产折旧费1 200元，其中生产车间应计提1 000元，行政管理部分应计提200元。
4. 收取第三季度包装物租金收入1 500元存入银行。
5. 收回上月应收账款1 500元。
6. 预计本月银行存款利息1 000元。
7. 销售A产品，价款100 000元，增值税税率17%，价税款尚未收到。

【要求】编制会计分录。

参考答案

一、单项选择题
1. C 2. C 3. C 4. B 5. A 6. B

二、多项选择题
1. AB 2. ABCD 3. BC 4. CD 5. ABC

三、判断题
1. √ 2. × 3. × 4. √ 5. √ 6. × 7. √ 8. √ 9. × 10. √

四、名词解释

会计循环是指在连续的会计期间,周而复始地按照一定的步骤,顺序运用会计核算方法进行会计处理的全过程。

会计确认是按照规定的标准和方法,辨认和确定经济信息是否作为会计信息进行正式记录列入财务报告的过程。

会计计量是根据被计量对象的计量属性,选择运用一定的计量基础和计量单位,确定应记录项目金额的会计处理过程。

初次确认是指对输入会计核算系统的原始经济信息进行的确认。

再次确认是指对会计核算系统输出的经过加工的会计信息进行确认。

五、简答题

1. 会计确认的核心问题是根据什么标准对输入会计核算系统的经济信息加以初次确认;对会计核算系统输出的信息进行再次确认。会计确认的标准有以下几方面:

(1)可定义性。应确认发生的经济业务能否进入会计核算系统,然后对能够进入会计核算系统的经济业务按照会计要素的定义将其具体确认为某一会计要素。

(2)可计量性。在可定义性的基础上,经济信息必须能够量化,能够以货币计量,才能够保证经过确认后的信息进行比较和加工。

(3)相关性。针对信息使用者的具体需要,排除不相关的数据,增进信息的有用性,为保证其相关性,会计人员应及时地提供资料。

(4)可靠性。会计信息要真实可靠,如实地、完整地反映应当反映的交易或事项,而且这些交易或事项必须是根据他们的实质和不带偏向的经济现实进行核算。

在上述标准中可定义性和可计量性是主要的标准。如果会计信息主要反映企业经营管理者的受托责任时,会计确认更强调信息的可靠性;如果会计信息主要是为满足会计信息使用者的需要,会计确认更强调会计信息的相关性。

2. 对会计循环的理解,可以从以下两个方面来理解:

(1)从会计期间的角度(广义)理解会计循环,是从交易或事项的确认开始,依次经过计量、记录,实现对交易或事项的会计处理,到最后编制财务报告,完成一个会计期间的会计循环。下一个会计期间依然按照此顺序进行会计循环。

(2)从具体记录方法的角度(狭义)理解会计循环,是从填制和审核会计凭证开始,依次运用登记账簿、成本计算、财产清查等方法,到最后编制财务报告,完成一次会计循环。

会计循环包括以下步骤:分析经济业务,编制会计分录,过账,编制调整前的试算平衡表,编制期末账项调整分录并过账,编制调整后的试算平衡表,结账并过账,编制财务报告。其中分析经济业务、作分录、过账、编制调整前的试算平衡表是平时的会计处理。编制期末账项调整分录并过账、编制调整后的试算平衡表、结账并过账、编制财务报告是期末的会计处理。

3. 初次确认是指对输入会计核算系统的原始经济信息进行的确认。再次确认是指对会计核算系统输出的经过加工的会计信息进行确认。二者的任务不一样,初次确认决定着经济信息能否转化为会计信息进入会计核算系统,而再次确认则是对经过加工的信息再提纯。经过初次确认和再次确认,可以保证会计信息的真实性和有用性。

4.期末账项调整是指将属于本期已经发生的而尚未入账的收入和费用,按权责发生制的原则调整入账。

我国企业会计准则规定以权责发生制作为收入、费用确认的原则。按照权责发生制的要求,企业日常会计记录中有关款项在本期虽然没有支付,但应属于本期的费用还未确认,有些款项本期虽然没有收到但应属于本期的收入还未确认。有些在本期已经支付但不属于或不完全属于本期的费用还没有进行调整;有些在本期已经收到但不属于或不完全属于本期的收入还没有进行调整。也就是说,日常会计记录还不能够准确地反映本期的收入与费用,因此在结账前必须进行账项调整。

六、业务题

1. 借:财务费用　　　　　　　1 200
　　贷:应付利息　　　　　　　　1 200
2. 借:预付账款　　　　　　　　600
　　贷:银行存款　　　　　　　　　600
3. 借:制造费用　　　　　　　1 000
　　　管理费用　　　　　　　　200
　　贷:累计折旧　　　　　　　1 200
4. 借:银行存款　　　　　　　1 500
　　贷:预收账款　　　　　　　1 500
5. 借:银行存款　　　　　　　1 500
　　贷:应收账款　　　　　　　1 500
6. 借:应收利息　　　　　　　1 000
　　贷:财务费用　　　　　　　1 000
7. 借:应收账款　　　　　　　117 000
　　贷:主营业务收入　　　　　100 000
　　　　应交税费　　　　　　　17 000

第 6 章

账户分类

 知识点概要

6.1　账户分类的意义和原则

　　为了正确地设置和运用账户,应从不同的角度对账户进行分类,找出同类账户的共性,进一步了解各账户的具体内容,明确和掌握各账户之间的内在联系与区别,因此需要进一步研究账户分类的问题。

　　账户的经济内容决定了账户的用途和结构。因此,账户应首先按经济内容进行分类,然后再按照用途和结构进行分类,除此之外,账户分类的标志还有提供指标的详细程度、账户与会计报表的关系、账户余额等。

6.2　账户按经济内容分类

　　账户的经济内容是指账户所反映的会计对象的具体内容。按账户的经济内容对账户进行分类,就是按账户所反映的会计对象的具体内容所做的分类。具体可以分为资产类、负债类、所有者权益类、成本类和损益类五类账户。

　　资产类账户是核算企业各种资产增减变动及结存情况的账户。按照资产的流动性又可以分为核算流动资产的账户和核算非流动资产的账户两类。核算流动资产的账户有"库存现金""银行存款""应收账款""其他应收款""原材料""库存商品"等账户。核算非流动资产的账户有"固定资产""累计折旧""在建工程""无形资产"和"长期待摊费用"等账户。

　　负债类账户是核算企业各种负债增减变动及结存情况的账户。按照负债的偿还期不同,又可以分为核算流动负债的账户和核算非流动负债的账户两类。核算流动负债的账户有"短期借款""应付账款""其他应付款""应付职工薪酬""应交税费""应付股利"等账户。核算非流动负债的账户有"长期借款""应付债券""长期应付款"等账户。

　　所有者权益类账户是核算企业所有者权益增减变动及结存的账户。按照所有者权益的来源和构成,又可分为核算所有者原始投资的账户、核算经营积累的账户及核算所有者权益其他来源的账户三类。核算所有者原始投资的账户有"实收资本"(或"股本")账户;核算经营积累的账户有"盈余公积""本年利润""利润分配"等账户;核算所有者权益其他来源的账户有"资本公积"等账户。

　　成本类账户是核算企业为生产产品发生的生产费用的账户。包括核算生产过程中为生产产品发生的直接费用的账户"生产成本"和核算生产过程中为组织生产活动而发生的间接费用的账户"制造费用""材料采购""在建工程"等。

　　损益类账户是核算影响本期利润增减变动的各项收入和费用的账户。按照所反映的具体内容,又可以分为收入账户和费用账户两类。

　　收入类账户是核算企业在生产经营过程中所取得的各种经济利益的账户。这里的收入是指广义的收入。收入账户包括"主营业务收入""其他业务收入""投资收益""营业外收入"账户。

　　费用类账户是核算企业在一定期间内为取得收入所发生的费用的账户。这里的费用是指广义的费用。费用账户包括"主营业务成本""营业税金及附加""其他业务成本""销售费用""管理费用""财务费用""营业外支出""所得税费用"等账户。

制造业企业账户按经济内容分类见表6.1。

表6.1 制造业企业账户按经济内容分类

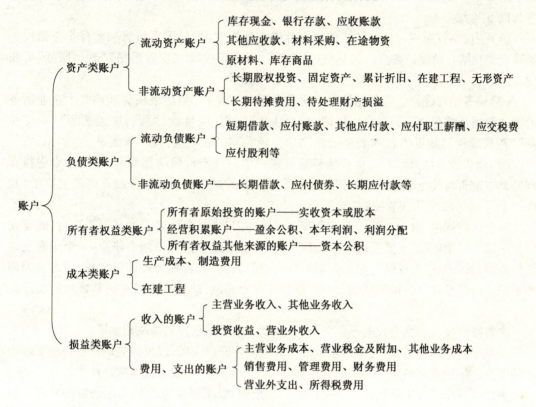

6.3 账户按用途和结构分类

账户的用途是指设置和运用账户的目的是什么,通过账户记录能够提供什么核算指标。

账户的结构是指在账户中如何记录经济业务,以取得各种必要的核算指标。

账户按用途和结构分类是指账户在按经济内容分类的基础上,把用途和结构相近的账户进行归类。按用途和结构分类是按经济内容进行分类的必要补充。

账户按用途和结构分类可分为基本账户、调整账户、成本账户和损益计算账户四大类。基本账户具体又可分为盘存账户、投资权益账户、结算账户和跨期摊配账户;调整账户根据调整方式不同,又可分为抵减账户和抵减附加账户;成本账户具体又可分为集合分配账户、成本计算账户和对比账户;损益计算账户又可分为收入计算账户、费用计算账户和财务成果计算账户。

盘存账户是用来核算、监督各项财产物资和货币资金的增减变动及其结存情况的账户。这类账户是任何企业单位都必须设置的账户。包括"库存现金""银行存款""原材料""库存商品""固定资产"等账户。

投资权益账户是用来核算投资者投资的增减变动及结存情况的账户。这类账户是任何企业单位都必须设置的基本账户。包括"实收资本""资本公积""盈余公积"等。

结算账户是用来核算和监督企业与其他单位和个人之间债权、债务结算情况的账户。由于结算业务性质的不同,结算账户用途和结构有所不同,结算账户按其具体用途和结构可分为以下三类:

(1)债权结算账户。债权结算账户也称资产结算账户,是用来核算和监督企业债权的增减变动及结存情况的账户。包括"应收账款""其他应收款""应收票据""预付账款"等账户。

(2)债务结算账户。债务结算账户也称负债结算账户,是用来核算和监督本企业债务的增减变动及结存情况的账户。包括"应付账款""其他应付款""应付职工薪酬""应交税费""应付股利""短期借款""长期借款""应付债券"和"长期应付款"等账户。

(3)债权债务结算账户。债权债务结算账户也称资产负债结算账户,是用来集中核算和监督本企业与其他单位或个人相互往来结算业务的账户。债权债务结算账户主要指"其他往来""应付账款""应收账款"等账户。

在会计核算中,由于经营管理或者其他方面的需要,对会计要素的某一个项目,既要在账户中保持原始数据,又要反映其原始数据的变化,为此应该分设两个账户:一个用来反映原始数据,另一个用来反映对原始数据进行调整的数据,前者称为被调整账户,后者称为调整账户。将调整账户与被调整账户的余额相加或者相减,即可以求得被调整账户的实际余额。

调整账户按其调整方式的不同可分为抵减账户、附加账户和抵减附加账户。

抵减账户亦称备抵账户,是用来抵减相关被调整账户余额,以反映被调整账户的实际余额的账户。按照被调整账户的性质又可分为资产抵减账户和权益抵减账户两类。

资产抵减账户是用来抵减某一资产账户的余额,以求得该账户的实际余额的账户。包括"累计折旧""固定资产减值准备""坏账准备""存货跌价准备""累计摊销""无形资产减值准备"等账户。

权益抵减账户是用来抵减某一权益账户的余额以求得该账户的实际余额的账户。包括"利润分配"账户。"利润分配"账户是用来调整"本年利润"账户的,用"本年利润"账户的贷方余额与"利润分配"账户的借方余额就能求得"本年利润"的实际余额,即未分配利润。

抵减附加账户亦称备抵附加账户,是既用来抵减,又用来增加被调整账户的余额,以求得被调整账户的实际余额的账户。属于抵减附加账户的是"材料成本差异"账户。

集合分配账户是用来汇集和分配企业生产经营过程中某个阶段所发生的某种费用的账户。集合分配账户具有明显的过渡性质,平时用它来归集那些不能直接计入某个成本计算对象的间接费用,期末将费用全部分配出去,由有关成本计算对象负担。属于这类的账户有"制造费用"账户。

成本计算账户是用来核算和监督经营过程中某一阶段所发生的应计入特定成本计算对象的经营费用,并确定各成本计算对象实际成本的账户。包括"材料采购""在途物资""生产成本"等账户。

对比账户是用来核算经营过程中某一阶段按照两种不同的计价标准反映同一项经济业务,并进行对比,借以确定其业务成果的账户。如"材料采购"账户。

收入计算账户是用来核算和监督企业在一定时期(月、季或年)内所取得的各种收入和收益的账户。包括"主营业务收入""其他业务收入""营业外收入""投资收益"等。

费用计算账户是用来核算和监督企业在一定时期(月、季或年)内所发生的应计入当期损益的各项费用、成本和支出的账户。包括"主营业务成本""营业税金及附加""其他业务成本""销售费用""管理费用""财务费用""营业外支出""所得税费用"等账户。

财务成果计算账户是用来核算和监督企业在一定时期(月、季或年)内全部经营活动最终成果的账户,如"本年利润"。

制造企业账户按用途和结构分类情况见表6.2所示。

表6.2 制造企业账户按用途和结构分类

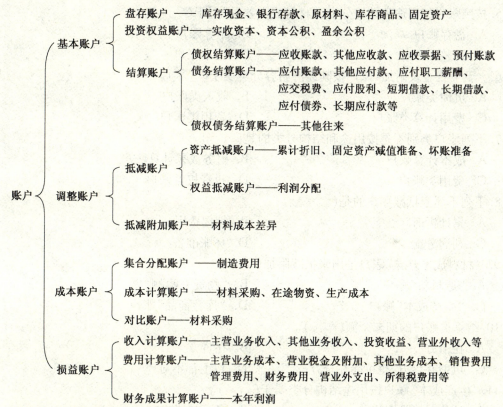

按经济内容分类和按用途和结构分类以外还有以下分类:

按账户与会计报表的关系分类,账户可分为有资产负债表账户和利润表账户两类。

按账户提供指标的详细程度分类,账户可分为总分类账户和明细分类账户两类。

按账户有无余额分类,账户可分为有借方余额的账户、有贷方余额的账户和无余额的账户三类。

自我训练

一、单项选择题

1. 按经济内容分类,"累计折旧"账户属于(　　)。
   A. 损益类账户　　　　　　　　B. 所有者权益类账户
   C. 负债类账户　　　　　　　　D. 资产类账户

2. 下列不属于按照经济内容分类的账户是( )。
   A. 资产类账户　　　　　　　　B. 负债类账户
   C. 盘存类账户　　　　　　　　D. 损益类账户
3. 按照账户的经济内容分类,"材料成本差异"属于( )。
   A. 资产类账户　　　　　　　　B. 负债类账户
   C. 费用类账户　　　　　　　　D. 损益类账户
4. 下列账户按用途和结构分类,不属于费用计算类账户的是( )。
   A. 管理费用　　　　　　　　　B. 财务费用
   C. 制造费用　　　　　　　　　D. 营业费用
5. 按照账户的用途和结构分类,"材料成本差异"属于( )。
   A. 盘存账户　　　　　　　　　B. 结算账户
   C. 调整账户　　　　　　　　　D. 成本账户
6. "营业税金及附加"账户按其经济内容分类属于( )。
   A. 负债类账户　　　　　　　　B. 收入类账户
   C. 费用计算类账户　　　　　　D. 费用类账户
7. 下列账户类别不是按用途和结构分类的是( )。
   A. 成本计算账户　　　　　　　B. 财务成果计算账户
   C. 费用类账户　　　　　　　　D. 投资权益账户
8. 下列不属于抵减账户的是( )。
   A. 累计折旧　　　　　　　　　B. 管理费用
   C. 利润分配　　　　　　　　　D. 坏账准备
9. "材料成本差异"账户是用来抵减附加( )。
   A. "原材料"账户　　　　　　　B. "物资采购"账户
   C. "生产成本"账户　　　　　　D. "库存商品"账户
10. 结算类账户的期末余额( )。
    A. 在借方　　　　　　　　　　B. 在贷方
    C. 可能在借方,也可能在贷方　D. 以上都不对
11. "生产成本"账户按用途结构分类属于( )。
    A. 计价对比类账户　　　　　　B. 盘存类账户
    C. 集合分配类账户　　　　　　D. 成本计算账户
12. 下列不属于盘存账户的是( )。
    A. 原材料　　　　　　　　　　B. 库存商品
    C. 固定资产　　　　　　　　　D. 应收账款
13. 在下列所有者权益账户中,反映所有者原始投资的账户是( )。
    A. "实收资本"　　　　　　　　B. "盈余公积"
    C. "资本公积"　　　　　　　　D. "本年利润"
14. 下列账户中属于财务成果计算账户的是( )。
    A. "固定资产"　　　　　　　　B. "本年利润"
    C. "营业外收入"　　　　　　　D. "营业外支出"

15. 债权债务结算账户的贷方登记(　　)。
    A. 债权的增加　　　　　　　　　B. 债务的增加
    C. 债务的增加,债权的减少　　　　D. 债务的减少,债权的增加
16. 下列账户中,既属于结算账户,又属于负债类账户的是(　　)。
    A. "应收账款"　　　　　　　　　B. "预收账款"
    C. "应收票据"　　　　　　　　　D. "预付账款"
17. 下列账户中属于集合分配账户的是(　　)。
    A. "实收资本"　　　　　　　　　B. "制造费用"
    C. "生产成本"　　　　　　　　　D. "管理费用"
18. 管理费用属于(　　)账户。
    A. 损益类　　　　　　　　　　　B. 所有者权益类
    C. 资产类　　　　　　　　　　　D. 负债类
19. 下列账户中,既属于盘存账户,又属于成本类账户的是(　　)。
    A. "原材料"　　　　　　　　　　B. "固定资产"
    C. "库存商品"　　　　　　　　　D. "生产成本"
20. 按账户的经济内容分类,属于费用类账户的是(　　)。
    A. 制造费用　　　　　　　　　　B. 坏账准备
    C. 长期待摊费用　　　　　　　　D. 营业税金及附加

二、多项选择题
1. 按照经济内容分类,下列账户属于损益类账户的是(　　)。
   A. "主营业务收入"　　　　　　　B. "主营业务成本"
   C. "管理费用"　　　　　　　　　D. "制造费用"
2. 按照经济内容分类,账户类别包括(　　)。
   A. 资产类账户　　　　　　　　　B. 负债类账户
   C. 所有者权益类账户　　　　　　D. 盘存账户
3. 总分类账户分类的主要标志有(　　)。
   A. 账户的经济内容　　　　　　　B. 账户的用途和结构
   C. 账户的名称　　　　　　　　　D. 账户与会计报表的关系
4. 下列属于资产类账户的有(　　)。
   A. "固定资产"　　　　　　　　　B. "累计折旧"
   C. "原材料"　　　　　　　　　　D. "预收账款"
5. 下列属于所有者权益类账户的有(　　)。
   A. "实收资本"　　　　　　　　　B. "资本公积"
   C. "盈余公积"　　　　　　　　　D. "本年利润"
6. 以下账户属于资产抵减账户的是(　　)。
   A. "利润分配"　　　　　　　　　B. "累计折旧"
   C. "本年利润"　　　　　　　　　D. "累计摊销"
7. "本年利润"账户从不同的角度分类,可以同时属于(　　)。
   A. 财务成果计算账户　　　　　　B. 所有者权益类账户

C. 成本计算账户　　　　　　　　D. 所有者投资账户

8. 债权债务账户的借方表示(　　)。
   A. 债权的增加额　　　　　　　　B. 债权的减少额
   C. 债务的增加额　　　　　　　　D. 债务的减少额

9. 按照不同的标准分类，"生产成本"账户同时属于(　　)。
   A. 成本计算账户　　　　　　　　B. 成本类账户
   C. 结算账户　　　　　　　　　　D. 盘存账户

10. 下列账户中不属于集合分配账户的有(　　)。
    A. "实收资本"　　　　　　　　　B. "制造费用"
    C. "生产成本"　　　　　　　　　D. "管理费用"

11. "财务费用"属于(　　)。
    A. 集合分配账户　　　　　　　　B. 成本计算账户
    C. 损益类账户　　　　　　　　　D. 财务成果计算账户

12. 按账户用途和结构分类，属于盘存类账户的有(　　)。
    A. 库存现金　　　　　　　　　　B. 银行存款
    C. 原材料　　　　　　　　　　　D. 固定资产

13. 按账户用途和结构分类，属于调整类账户的有(　　)。
    A. 坏账准备　　　　　　　　　　B. 累计摊销
    C. 累计折旧　　　　　　　　　　D. 材料成本差异

14. 按账户用途和结构分类，属于债务结算账户的有(　　)。
    A. 应收票据　　　　　　　　　　B. 应付票据
    C. 应收账款　　　　　　　　　　D. 应付账款

15. 账户的用途是指通过账户记录(　　)。
    A. 能提供什么核算指标　　　　　B. 怎样记录经济业务
    C. 表明开设和运用账户的目的　　D. 观察借贷方登记的内容

16. 账户的结构是指账户如何提供核算指标，即(　　)。
    A. 账户期末余额的方向　　　　　B. 账户余额表示的内容
    C. 账户借方核算的内容　　　　　D. 账户贷方核算的内容

17. 下列账户属于债权结算账户的有(　　)。
    A. "应收账款"账户　　　　　　　B. "应收票据"账户
    C. "预付账款"账户　　　　　　　D. "应付账款"账户

18. 按不同标志分类，"材料采购"账户可能属于(　　)。
    A. 资产类账户　　　　　　　　　B. 盘存类账户
    C. 对比类账户　　　　　　　　　D. 成本计算类账户

19. 按账户与会计报表的关系分类，账户可分为(　　)。
    A. 资产负债表账户　　　　　　　B. 利润表账户
    C. 现金流量表账户　　　　　　　D. 所有者权益变动表

20. 关于集合分配账户正确的说法是(　　)。
    A. 集合分配账户借方登记费用的发生额，贷方登记费用的分配额

B. 一般情况下期末没有余额
C. 具有明显的过渡性质
D. "制造费用"属于集合分配账户

三、判断题

1. 按账户的经济内容分类,"预收账款"账户属于资产类账户。（　　）
2. 按账户的用途和结构分类,"银行存款"账户属于盘存类账户。（　　）
3. 按账户的用途和结构分类,"累计折旧"账户是固定资产的调整账户。（　　）
4. 按账户的用途和结构分类,"在途物资"账户属于成本计算类账户。（　　）
5. 按账户的用途和结构分类,"本年利润"账户属于计价对比类账户。（　　）
6. 按账户的用途和结构分类,"主营业务成本"账户属于成本计算类账户。（　　）
7. 抵减附加账户的期末余额方向不是固定的,当其余额在借方时,起着抵减作用;当其余额在贷方时,起着附加作用。（　　）
8. 集合分配类账户具有明显的过渡性质,期末一般都有余额。（　　）
9. 调整账户按其调整方式的不同又分为抵减账户和抵减附加账户。（　　）
10. 账户按其经济内容划分归为一类,则按其用途和结构划分也必定归为一类。（　　）
11. "本年利润"和"利润分配"账户均属于资产负债表账户。（　　）
12. "应收账款"账户的被调整账户是"坏账准备"账户。（　　）
13. "制造费用"账户按其用途结构分类属于费用类账户。（　　）
14. 备抵调整账户余额的方向与被调整账户余额的方向相反。（　　）
15. 账户的用途是指在账户中如何记录经济业务。（　　）
16. "累计折旧"账户的余额表示累计已提取的折旧额,是"固定资产"账户备抵账户。（　　）
17. "主营业务收入"账户按用途和结构划分属于财务成果账户。（　　）
18. "预收账款"账户属于资产类账户。（　　）
19. 资产抵减账户是用来抵减某一资产账户的余额,以求得该账户的实际余额的账户。（　　）
20. "利润分配"账户属于权益抵减账户。（　　）

四、名词解释

账户的用途　账户的结构　盘存账户　投资权益账户　结算账户　债权结算账户　债务结算账户　债权债务结算账户　抵减账户　资产抵减账户　权益抵减账户　集合分配账户　成本计算账户　对比账户　收入计算账户　费用计算账户　财务成果计算账户

五、思考题

1. 账户按经济内容如何分类?
2. 账户按用途和结构如何分类?
3. 调整账户的分类有哪些?
4. 账户的分类标志有哪些?

六、业务题

（一）【目的】练习账户按照经济内容的分类。
【要求】将各账户所属类别填入表中。

账户	类别	账户	类别
其他应收款		原材料	
累计折旧		管理费用	
本年利润		应交税费	
利润分配		银行存款	
应付职工薪酬		实收资本	
制造费用		短期借款	
其他业务收入		固定资产	
应付账款		营业税金及附加	
所得税费用		在途物资	
主营业务成本		生产成本	
在建工程		应收账款	

(二)【目的】练习账户按照用途和结构的分类。

【要求】将各账户所属类别填入表中。

账户	类别	账户	类别
其他应收款		原材料	
累计折旧		管理费用	
本年利润		应交税费	
利润分配		银行存款	
应付职工薪酬		实收资本	
制造费用		短期借款	
其他业务收入		固定资产	
应付账款		营业税金及附加	
所得税费用		在途物资	
主营业务成本		生产成本	
库存商品		应收账款	
材料成本差异		材料采购	

参考答案

一、单项选择题
1. D 2. C 3. A 4. C 5. C 6. D 7. C 8. B 9. A 10. C
11. D 12. D 13. A 14. B 15. C 16. B 17. B 18. A 19. D 20. D

二、多项选择题
1. ABC 2. ABC 3. ABD 4. ABC 5. ABCD
6. BD 7. AB 8. AD 9. ABD 10. ACD
11. CD 12. ABCD 13. ABCD 14. BD 15. AC
16. ABCD 17. ABC 18. ACD 19. AB 20. ABCD

三、判断题
1. × 2. √ 3. √ 4. √ 5. × 6. × 7. × 8. √ 9. √ 10. ×
11. × 12. × 13. × 14. √ 15. × 16. √ 17. × 18. × 19. √ 20. √

四、名词解释
账户的用途是指设置和运用账户的目的是什么,通过账户记录能够提供什么核算指标。

账户的结构是指在账户中如何记录经济业务,以取得各种必要的核算指标。

盘存账户是用来核算、监督各项财产物资和货币资金的增减变动及其结存情况的账户。

投资权益账户是用来核算投资者投资的增减变动及结存情况的账户。

结算账户是用来核算和监督企业与其他单位和个人之间债权、债务结算情况的账户。

债权结算账户是用来核算和监督企业债权的增减变动及结存情况的账户。

债务结算账户是用来核算和监督企业债务的增减变动及结存情况的账户。

债权债务结算账户也称资产负债结算账户,是用来集中核算和监督本企业与其他单位或个人相互往来结算业务的账户。

抵减账户是用来抵减相关被调整账户余额,以反映被调整账户的实际余额的账户。

资产抵减账户是用来抵减某一资产账户的余额,以求得该账户的实际余额的账户。

权益抵减账户是用来抵减某一权益账户的余额以求得该账户的实际余额的账户。

集合分配账户是用来汇集和分配企业生产经营过程中某个阶段所发生的某种费用的账户。

成本计算账户是用来核算和监督经营过程中某一阶段所发生的应计入特定成本计算对象的经营费用,并确定各成本计算对象实际成本的账户。

对比账户是用来核算经营过程中某一阶段按照两种不同的计价标准反映同一项经济业务,并进行对比,借以确定其业务成果的账户。

收入计算账户是用来核算和监督企业在一定时期(月、季或年)内所取得的各种收入和收益的账户。

费用计算账户是用来核算和监督企业在一定时期(月、季或年)内所发生的应计入当期损益的各项费用、成本和支出的账户。

财务成果计算账户是用来核算和监督企业在一定时期(月、季或年)内全部经营活动最终成果的账户。

五、思考题
1. 账户按反映的经济内容分类,可以分为资产类、负债类、所有者权益类、成本类和损益类账户。

2. 账户按用途和结构分类可分为基本账户、调整账户、成本账户和损益计算账户四大类。基本账户具体又分为盘存账户、投资权益账户、结算账户和跨期摊配账户;调整账户又分为抵减账户和抵减附加账户;成本账户又分为集合分配账户、成本计算账户和对比账户;

损益计算账户又分为收入计算账户、费用计算账户和财务成果计算账户。

3. 调整账户按其调整方式的不同可分为抵减账户、附加账户和抵减附加账户。抵减账户按照被调整账户的性质又可分为资产抵减账户和权益抵减账户两类。抵减附加账户亦称备抵附加账户,拥有两种账户的功能,既可以作为抵减账户,又可以作为附加账户。

4. 账户的分类标志有:账户反映的经济内容,账户的用途和结构,账户与会计报表的关系,提供指标的详细程度,账户有无余额等。

六、业务题

(一)

账户	类别	账户	类别
其他应收款	资产类	原材料	资产类
累计折旧	资产类	管理费用	损益类(费用类)
本年利润	所有者权益类	应交税费	负债类
利润分配	所有者权益类	银行存款	资产类
应付职工薪酬	负债类	实收资本	所有者权益类
制造费用	成本类	短期借款	负债类
其他业务收入	损益类(收入类)	固定资产	资产类
应付账款	负债类	营业税金及附加	损益类(费用类)
所得税费用	损益类(费用类)	在途物资	资产类
主营业务成本	损益类(费用类)	生产成本	成本类
在建工程	资产类	应收账款	资产类

(二)

账户	类别	账户	类别
其他应收款	盘存账户	原材料	盘存账户
累计折旧	抵减账户	管理费用	费用计算账户
本年利润	财务成果计算	应交税费	结算账户
利润分配	抵减账户	银行存款	盘存账户
应付职工薪酬	结算账户	实收资本	投资权益账户
制造费用	集合分配账户	短期借款	结算账户
其他业务收入	收入计算账户	固定资产	盘存账户
应付账款	结算账户	营业税金及附加	费用计算账户
所得税费用	费用计算账户	在途物资	盘存账户
主营业务成本	费用计算账户	生产成本	成本计算账户
库存商品	盘存账户	应收账款	结算账户
材料成本差异	抵减附加账户	材料采购	成本计算账户、对比账户

第7章

会 计 凭 证

 知识点概要

7.1 会计凭证的意义和种类

会计凭证简称凭证,是记录经济业务,明确经济责任的书面证明,也是登记账簿的依据。

会计主体办理任何一项经济业务都必须填制或取得真实、合法的会计凭证。填制和审核凭证是会计工作的基础和起点,是会计核算方法之一,每笔经济业务的发生,都必须填制或取得凭证,所有的会计凭证都要由会计部门审核无误后才能作为记账的依据。

会计凭证按其填制程序和用途的不同,可以分为原始凭证和记账凭证。

1. 原始凭证

原始凭证是在经济业务发生或完成时取得或填制的,用以记录经济业务的执行或完成情况,明确经济责任并具有法律效力的书面证明,是会计核算的原始资料和重要依据。

原始凭证按来源不同,可以分为外来原始凭证和自制原始凭证。

(1)外来原始凭证是指由业务经办人员在经济业务发生或完成时从外部单位或个人取得的原始凭证。外来凭证都是一次凭证。

(2)自制原始凭证是指本单位内部经办部门或人员,根据所经办的经济业务自行填制的原始凭证。自制凭证按照填制的手续和方法不同,又可以分为一次凭证、累计凭证和汇总凭证。

一次凭证是指只记载一项或若干项同类经济业务,在经济业务发生或完成时一次填制完成的原始凭证。自制凭证中大多数是一次凭证。

累计凭证是指在一定时期内,在一张凭证中连续登记若干项重复发生的同类经济业务,分次填制,月末计算出累计发生额后才填完的一种原始凭证。

汇总凭证也称原始凭证汇总表,是根据一定时期若干张反映同类经济业务的原始凭证加以汇总填制的原始凭证。

2. 记账凭证

记账凭证是根据审核无误的原始凭证或原始凭证汇总表填制的,用来记录经济业务的简要内容,确定会计分录,并作为记账直接依据的会计凭证。

记账凭证按用途不同,可以分为专用凭证和通用凭证。

(1)专用凭证是记录某一类经济业务的记账凭证,按照其所记录的经济业务是否与现金、银行存款收付有关系,分为收款凭证、付款凭证和转账凭证。

收款凭证是专门记录现金、银行存款等货币资金收入业务的记账凭证。它是根据库存现金、银行存款和其他货币资金收入业务的原始凭证填制的,是登记现金、银行存款增加及其他有关账簿的依据。

付款凭证是专门记录现金、银行存款等货币资金付出业务的记账凭证。它是根据库存现金、银行存款和其他货币资金付出业务的原始凭证填制的,是登记现金、银行存款减少及其他有关账簿的依据。

转账凭证是专门记录现金、银行存款和其他货币资金收付业务以外的转账业务的记账凭证,它是根据有关转账业务的原始凭证填制的,是登记现金、银行存款以外的有关账簿的依据。

(2)通用凭证是指格式统一,用来记录所有经济业务的记账凭证。通用凭证一般用于业务比较简单、业务量较少的单位。

记账凭证按填制方法不同,可以分为复式记账凭证和单式记账凭证。

复式记账凭证是将一项经济业务所涉及的各有关账户都集中在一张凭证上的记账凭证。专用凭证和通用凭证都是复式记账凭证。

单式记账凭证是指一张凭证上只填列一个账户的记账凭证。

记账凭证按是否汇总,可以分为单一记账凭证、汇总记账凭证和科目汇总表。

会计凭证的种类见表7.1。

表7.1 会计凭证的种类

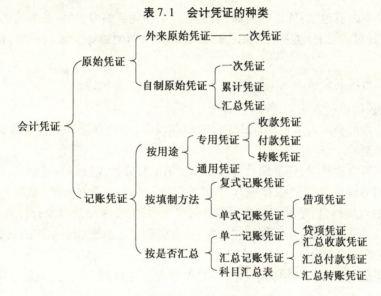

7.2 原始凭证的填制和审核

1. 原始凭证的基本内容

原始凭证的基本内容包括:凭证名称、填制日期和凭证编号,接受单位或个人名称、经济业务的内容摘要,经济业务中实物的数量和金额,填制单位的名称或填制人姓名,经办人员的签名或者签章。

对于在一定范围内经常发生的同类经济业务,各有关主管部门应当设计、印刷统一格式的原始凭证。如银行支票、发货票等。

各会计主体根据会计核算和管理的需要,按照原始凭证应具备的基本内容和补充内容,可以自行设计和印制适合本会计主体需要的原始凭证。

2. 原始凭证的填制要求

填制要求包括真实可靠、内容完整、手续完备、书写清楚规范和填制及时。

3. 原始凭证的审核

审核内容包括:真实性、合法性、合理性、完整性和及时性等。

原始凭证的审核是一项非常重要的工作，会计人员必须坚持原则，依法办事。对于不真实、不合法的原始凭证，会计人员有权拒绝执行，并向有关负责人报告；对于填制不准确、不完整的原始凭证应予以退回，并要求按照国家有关规定更正，重开审核无误后，再办理相关的手续。

7.3 记账凭证的填制和审核

1. 记账凭证的基本内容

记账凭证基本内容包括：凭证的名称、填制的日期和凭证编号，经济业务的摘要，会计科目名称（总分类科目、明细分类科目）和记账方向及金额，所附原始凭证的张数，相关人员签名或者盖章。

2. 记账凭证的填制方法

（1）专用凭证的填制方法。

①收款凭证是由会计人员根据审核无误的库存现金、银行存款和其他货币资金收入业务的原始凭证填制的。

凭证日期填写收款日期；凭证编号每月从收字第 1 号开始连续编写；摘要填写收款业务的简要说明；"借方科目"填写"库存现金""银行存款"科目；"贷方科目"填写"库存现金""银行存款"等的对应科目；金额部分填写应计入借方、贷方金额细数以及合计数；"附件"张数填写所附原始凭证的张数；账页栏是在记账后，表明所登记总账和明细账的页数或作过账标记"√"，以免漏记或重记。

②付款凭证是由会计人员根据审核无误的库存现金、银行存款和其他货币资金付出业务的原始凭证填制的。

凭证日期填写收款日期；凭证编号每月从付字第 1 号开始连续编写；摘要填写付款业务的简要说明；"贷方科目"填写"库存现金""银行存款"科目；"借方科目"填写"库存现金""银行存款"等的对应科目；金额部分填写应计入借方、贷方金额细数以及合计数；"附件"张数填写所附原始凭证的张数；账页栏是在记账后，标明所登记总账和明细账的页数或作过账标记"√"，以免漏记或重记。

③转账凭证是专门记录现金、银行存款和其他货币资金收付业务以外的转账业务的记账凭证，它是根据有关转账业务的原始凭证填制的。

凭证日期填写转账业务发生的日期；凭证编号每月从转字第 1 号开始连续编写；摘要填写转账业务的简要说明；金额部分填写应计入借方、贷方金额细数以及合计数；"附件"张数填写所附原始凭证的张数；账页栏是在记账后，标明所登记总账和明细账的页数或作过账标记"√"，以免漏记或重记。

（2）通用凭证的填制方法。通用凭证其填制方法与转账凭证相同。

3. 记账凭证的填制要求

填制各种记账凭证时，除了要严格遵循原始凭证的填制要求外，还应注意以下几点：

（1）不得把不同类型经济业务合并填列一张记账凭证。

(2)必须连续编号。记账凭证的编号方法包括统一编号法、分类编号法、分数编号法。

(3)摘要应简明扼要。

(4)正确填写会计分录。

(5)附件齐全。

(6)如果在填制记账凭证时发生错误,应当重新填制。

(7)记账凭证填制完后,如有空行,应当自金额栏最后一笔金额数字下的空行处至合计数上的空行处划线注销。

4.记账凭证的审核

记账之前必须由专人对已编制的记账凭证进行认真、严格的审核。审核内容包括:

(1)审核记账凭证后是否附有原始凭证,原始凭证是否齐全,记账凭证的内容与所附原始凭证的内容是否相符,金额是否一致等。

(2)审核记账凭证中会计分录是否正确。

(3)审核记账凭证的其他内容是否齐全、正确。

7.4 会计凭证的传递与保管

会计凭证的传递是指从会计凭证的取得或填制时起,到归档保管止,会计凭证在单位内部有关部门和人员之间按照规定的传递时间和程序进行处理的过程。包括会计凭证传递的时间、程序和传递过程中的衔接手续。

会计凭证传递的时间是指各种会计凭证在传递过程中在各个环节的滞留时间。各单位应组织人员合理确定传递时间,既要保证所有业务手续能够具备充分的时间完成,又要保证较高的工作效率,避免推迟完成经济业务和及时记账。

会计凭证的传递程序规定了有关经济业务的办理程序和有关部门、人员应承担的责任。各单位应由会计部门在调查研究的基础上,会同有关部门、人员共同协商确定。

各单位应该根据本单位经济业务的特点、机构设置、人员分工情况以及经营管理的需要,确定本单位会计凭证传递的时间、程序和传递过程中的衔接手续。

会计凭证的保管是指会计凭证记账后的整理、装订、归档和存查工作。应妥善保管,不得丢失和任意销毁。会计凭证的保管应做到:定期归类整理、装订成册;归档保管、建立调阅制度;按规定期限保存、销毁凭证。

会计凭证的保管期限和销毁手续必须严格执行有关规定,任何人都无权随意销毁会计凭证。企业会计凭证的保管期限为 15 年。

自我训练

一、单项选择题

1.下列不属于会计凭证的是( )。
    A. 购销合同   B. 发货票
    C. 领料单   D. 火车票

2. 下列属于外来原始凭证的是（　　）。
   A. 发料汇总表　　　　　　　B. 入库单
   C. 银行收账通知单　　　　　D. 出库单
3. 自制原始凭证按其填制手续不同可以分为（　　）。
   A. 专用凭证和通用凭证　　　B. 一次凭证和汇总凭证
   C. 单式凭证和复式凭证　　　D. 一次凭证和累计凭证
4. 下列属于原始凭证基本内容的是（　　）。
   A. 记账方向　　　　　　　　B. 内容摘要
   C. 实物数量及金额　　　　　D. 会计科目
5. 原始凭证是（　　）的依据。
   A. 设置账户　　　　　　　　B. 填制记账凭证
   C. 编制财务报表　　　　　　D. 登记账簿
6. 下列属于自制原始凭证的是（　　）。
   A. 领料单　　　　　　　　　B. 飞机票
   C. 银行到款通知　　　　　　D. 银行收款通知
7. 下列经济业务应编制转账凭证的是（　　）。
   A. 出售产品款已收　　　　　B. 支付材料运杂费
   C. 购买材料款已付　　　　　D. 车间领用材料
8. 使用专用凭证的企业从银行提取现金的业务应根据有关原始凭证填制（　　）。
   A. 收款凭证　　　　　　　　B. 付款凭证
   C. 转账凭证　　　　　　　　D. 记账凭证
9. 按照（　　）将记账凭证分为收款凭证、付款凭证、转账凭证。
   A. 凭证填制的手续　　　　　B. 凭证的来源
   C. 凭证所反映的经济业务内容　D. 所包括的会计科目是否单一
10. 企业将现金存入银行应编制（　　）。
    A. 现金收款凭证　　　　　　B. 现金付款凭证
    C. 银行存款收款凭证　　　　D. 银行存款付款凭证
11. 会计凭证划分为原始凭证和记账凭证的依据是（　　）。
    A. 填制时间　　　　　　　　B. 取得来源
    C. 填制的程序和用途　　　　D. 反映的经济内容
12. 登记账簿的依据是（　　）。
    A. 会计报表　　　　　　　　B. 经济业务
    C. 记账凭证　　　　　　　　D. 原始凭证
13. 差旅费报销单属于（　　）。
    A. 通用凭证　　　　　　　　B. 自制凭证
    C. 累计凭证　　　　　　　　D. 通知凭证
14. 不涉及货币收付的业务应编制（　　）。
    A. 收款凭证　　　　　　　　B. 付款凭证
    C. 转账凭证　　　　　　　　D. 原始凭证

15. 出纳人员根据( )付出货币资金。
    A. 收款凭证   B. 付款凭证
    C. 转账凭证   D. 原始凭证
16. 下列原始凭证中不属于自制原始凭证的是( )。
    A. 购货发货票   B. 销售发货票
    C. 销售产品成本计算表 D. 税务缴款书
17. 记账凭证的填制是由( )完成的。
    A. 经办人员   B. 主管人员
    C. 采购人员   D. 会计人员
18. 收料汇总表属于会计凭证中的( )。
    A. 一次凭证   B. 累计凭证
    C. 单式凭证   D. 汇总原始凭证
19. 下列科目可能是收款凭证借方科目的是( )。
    A. 材料采购   B. 应收账款
    C. 银行存款   D. 原材料
20. 用转账支票偿还前欠货款,应填制( )。
    A. 原始凭证   B. 转账凭证
    C. 付款凭证   D. 收款凭证
21. 车间生产产品领用原材料,应编制的专用记账凭证是( )。
    A. 收款凭证   B. 付款凭证
    C. 转账凭证   D. 一次凭证
22. 使用专用凭证的单位,发生与货币资金无关的业务时,应填制的凭证是( )。
    A. 收款凭证   B. 付款凭证
    C. 转账凭证   D. 记账凭证
23. 记账凭证基本内容不包括( )。
    A. 接受单位的名称   B. 编号
    C. 日期   D. 凭证名称
24. 限额领料单属于( )。
    A. 外来凭证   B. 一次凭证
    C. 累计凭证   D. 付款凭证
25. 外来原始凭证一般都是( )。
    A. 一次凭证   B. 累计凭证
    C. 汇总原始凭证   D. 记账凭证
26. 下列科目可能是收款凭证贷方科目的是( )。
    A. 制造费用   B. 待摊费用
    C. 应收账款   D. 坏账准备
27. 根据一定期间的记账凭证全部汇总填制的凭证是( )。
    A. 汇总原始凭证   B. 科目汇总表
    C. 复式凭证   D. 累计凭证

28. 根据账簿记录和经济业务的需要填制的原始凭证是( )。
   A. 转账凭证   B. 累计凭证
   C. 限额领料单   D. 记账编制凭证
29. 销售产品一批,部分货款已收回并存入银行,另有部分货款尚未收回,填制的专用记账凭证是( )。
   A. 收款凭证和转账凭证   B. 付款凭证和转账凭证
   C. 收款凭证和付款凭证   D. 两张转账凭证
30. 以银行存款归还银行借款的业务,应编制( )。
   A. 转账凭证   B. 收款凭证
   C. 付款凭证   D. 以上均可

二、多项选择题

1. 下列属于一次原始凭证的有( )。
   A. 限额领料单   B. 领料单
   C. 销货发票   D. 购货发票
2. "收料单"是( )。
   A. 外来原始凭证   B. 自制原始凭证
   C. 一次凭证   D. 累计凭证
3. 原始凭证的基本内容包括( )。
   A. 原始凭证的名称和填制日期   B. 接受凭证单位名称
   C. 经济业务的内容   D. 填制单位和有关人员的签章
4. "产品入库单"是( )。
   A. 一次凭证   B. 累计凭证
   C. 外来原始凭证   D. 自制原始凭证
5. "限额领料单"是( )。
   A. 外来原始凭证   B. 自制原始凭证
   C. 一次凭证   D. 累计凭证
6. 下列属于原始凭证的是( )。
   A. 发出材料汇总表   B. 汇总收款凭证
   C. 购料合同   D. 限额领料单
7. 下列属于原始凭证审核内容的是( )。
   A. 凭证反映的业务是否合法   B. 所运用的会计科目是否正确
   D. 各项目的填写是否正确   C. 凭证上各项目是否填列齐全完整
8. 关于外来原始凭证的说法正确的是( )。
   A. 从企业外部取得的   B. 由企业会计人员填制的
   C. 一次凭证   D. 累计凭证
9. 填制原始凭证时应做到( )。
   A. 书写完备   B. 记录真实
   C. 内容完整   D. 会计科目正确
10. 会计凭证按编制程序和用途分类包括( )。

A. 原始凭证 B. 累计凭证
C. 记账凭证 D. 一次凭证

11. 关于会计凭证正确的是( )。
   A. 记录经济业务 B. 明确经济责任
   C. 登记账簿依据 D. 编制报表

12. 记账凭证编制的依据可以是( )。
   A. 收、付款凭证 B. 一次凭证
   C. 累计凭证 D. 汇总原始凭证

13. 企业购入材料,货款用银行存款支付,材料验收入库,应编制的会计凭证有( )。
   A. 收料单 B. 付款凭证
   C. 收款凭证 D. 转账凭证

14. 下列科目中可能成为付款凭证借方科目的有( )。
   A. 库存现金 B. 银行存款
   C. 应付账款 D. 销售费用

15. 记账凭证按其用途不同可分为( )。
   A. 通用凭证 B. 自制凭证
   C. 外来凭证 D. 专用凭证

16. 收款凭证可以作为出纳人员( )的依据。
   A. 收入货币资金 B. 付出货币资金
   C. 登记现金日记账 D. 登记银行存款日记账

17. 记账凭证基本内容包括( )。
   A. 凭证的名称 B. 填制凭证的日期
   C. 经济业务内容的摘要 D. 所附原始凭证的张数

18. 下列属于外来凭证的有( )。
   A. 购入材料的发票 B. 出差住宿费收据
   C. 银行结算凭证 D. 收款凭证

19. 会计凭证的传递应结合企业( )的特点。
   A. 经济业务 B. 内部机构组织
   C. 人员分工 D. 经营管理

20. 记账凭证的审核包括( )。
   A. 记账凭证的内容与所附原始凭证的内容是否相符
   B. 记账凭证中会计分录是否正确
   C. 记账凭证的其他内容是否齐全、正确
   D. 是否附有原始凭证

21. 下列经济业务中,应填制付款凭证的是( )。
   A. 从银行提取现金 B. 购买材料预付定金
   C. 购买材料款未付 D. 以银行存款支付前欠某单位账款

22. 现金与银行存款相互划转的业务应编制的记账凭证有( )。
   A. 现金收款凭证 B. 现金付款凭证

C. 银行存款收款凭证 D. 银行存款付款凭证

23. 下列凭证中,属于复式记账凭证的有( )。
    A. 单项凭证 B. 收款凭证
    C. 付款凭证 D. 转账凭证

24. 记账凭证编号的方法有( )。
    A. 分类编号法 B. 奇偶数编号法
    C. 顺序编号法 D. 分数编号法

25. 专用记账凭证按其反映的内容不同,可分为( )。
    A. 汇总记账凭证 B. 收款凭证
    C. 付款凭证 D. 转账凭证

26. 下列属于记账凭证的有( )。
    A. 现金汇总收款凭证 B. 科目汇总表
    C. 现金收入汇总表 D. 银行存款收款凭证

27. 关于购买材料时收到的"增值税专用发票"的说法正确的是( )。
    A. 属于自制原始凭证 B. 必须有开票单位的盖章才能有效
    C. 由税务部门统一印制的 D. 属于外来原始凭证

28. 财务处李明报销差旅费300元,交回剩余现金200元,填制的专用记账凭证有( )。
    A. 收款凭证,金额为200元 B. 转账凭证,金额为300元
    C. 转账凭证,金额为500元 D. 付款凭证,金额为200元

29. 下列单据中,经审核无误后可以作为记账凭证编制依据的有( )。
    A. 签发的转账支票存根 B. 运费发票
    C. 银行的进账单 D. 银行的对账单

30. 关于会计凭证的说法错误的是( )。
    A. 原始凭证是由会计人员填制的
    B. 记账凭证是由会计人员填制的
    C. 收款凭证是根据审核无误的收款业务的原始凭证填制的
    D. 收、付款凭证是由出纳人员填制的

三、判断题

1. 原始凭证对于发生和完成的经济业务具有证明效力。( )
2. 累计凭证是指在一定时期内连续记载若干项同类经济业务,其填制手续是随着经济业务发生而分次完成的凭证。( )
3. 每项经济业务的发生都必须从外部取得原始凭证。( )
4. 所有的会计凭证都是登记账簿的依据。( )
5. 自制原始凭证都是一次凭证。( )
6. 从银行提取现金时,应该编制现金收款凭证。( )
7. 原始凭证和记账凭证都是具有法律效力的。( )
8. 记账凭证的编制依据是审核无误的原始凭证。( )
9. 填制和审核会计凭证是会计核算的一种专门方法。( )
10. 按照填制的手续和来源将记账凭证分为收款凭证、付款凭证、转账凭证。( )

11. 原始凭证是登记明细分类账的依据,记账凭证是登记总分类账的依据。（　　）
12. 只要是真实的原始凭证,就可以据以填制记账凭证。（　　）
13. 发货票、购货合同、收据都是原始凭证。（　　）
14. 各种原始凭证的填制,都应由会计人员填写,非会计人员不得填写。（　　）
15. 记账凭证按其所反映的经济内容可以分为原始凭证、汇总凭证和累计凭证。（　　）
16. 记账凭证也是编制会计报表的直接依据。（　　）
17. 会计凭证的传递一般包括传递程序和传递时间两个方面。（　　）
18. 每张会计凭证的后面至少要附有一张原始凭证。（　　）
19. 填制记账凭证时,可将不同内容和类别的原始凭证汇总填制在一张记账凭证上。
（　　）
20. 收款凭证和付款凭证是出纳人员收款、付款的依据。（　　）

四、名词解释

会计凭证　原始凭证　记账凭证　收款凭证　付款凭证　转账凭证

五、简答题

1. 简述会计凭证的分类体系。
2. 举例说明原始凭证的种类。
3. 简要说明原始凭证填制要求和审核要求。
4. 简要说明记账凭证填制要求和审核要求。

六、业务题

【目的】练习记账凭证的填制。

【资料】某工厂20××年12月发生如下经济业务:

1. 2日,收到国家投入的资本金20 000元,存入银行。
2. 3日,收到某企业投入的新办公设备一台,价值8 000元。
3. 3日,因季节性储备材料需要,企业临时向银行借入期限为2个月的借款50 000元,款项存入银行。
4. 4日,因购置设备需要向银行借入35 100元,借款期限为2年。
5. 5日,从外地某单位购入甲材料4 000千克,每千克8元,乙材料2 000千克,每千克4元,共计40 000元,增值税6 800元,取得专用发票,材料已验收入库,货款以银行存款支付。
6. 5日,从本地某单位购入丙材料5 000千克,每千克10元,计50 000元,增值税8 500元,材料未到,货款尚未支付。
7. 7日,材料运到,用转账支票支付购入丙材料的运费300元。
8. 7日,丙材料验收入库,结转丙材料采购成本50 300元。
9. 8日,用银行存款上缴本月应交税金4 400元,其中增值税4 200元,城建税200元。
10. 11日,以银行存款预付给光明工厂购买甲材料款7 000元。
11. 12日,用银行存款偿还前欠胜利工厂的货款3 400元。
12. 13日,仓库发出甲材料,其中A产品用甲材料8 000元,B产品用甲材料8 000元,车间一般耗用甲材料4 000元,管理部门领用甲材料400元。
13. 14日,以银行存款支付行政管理部门办公费1 600元。

14. 15日,以银行存款支付交通罚款500元。
15. 16日,企业收到银行通知,收到青河公司前欠货款4 500元。
16. 18日,车间主任王强报销差旅费237元,原预借300元,余款退回现金。
17. 19日,以转账支票支付本月电费,车间用电4 363元,行政管理部门用电792元。
18. 20日,向M公司出售A产品100台,每台售价921元,计92 100元,增值税税率17%,进项税额15 657元,产品已发出,货款尚未收到。
19. 20日,以银行存款支付销售A产品过程中的装卸费148元。
20. 21日,以现金预付下半年度书报费480元。
21. 22日,通过银行发放职工工资24 000元。
22. 23日,给某灾区捐赠现金1 000元。
23. 23日,采购员李梅预支差旅费500元,以现金支付。
24. 24日,向前进工厂出售B产品200件,单价60元,增值税税率17%,价税款存入银行。
25. 24日,出售甲材料一批,价值3 500元,进项税额595元,款项存入银行。
26. 25日,以现金支付职工困难补助1 200元。
27. 26日,以银行存款支付本季度银行短期借款利息1 200元,前两个月已预提800元。
28. 31日,结算本月份应付职工工资24 000元,其中制造A产品工人工资14 000元,制造B产品工人工资6 000元,车间管理人员工资2 400元,厂部管理人员工资1 600元。
29. 31日,计提本月固定资产折旧12 600元,其中车间固定资产折旧8 000元,行政管理部门固定资产折旧4 600元。
30. 31日,预提应由本月财务费用负担尚未支付的短期借款利息600元。
31. 31日,分配本月发生的制造费用19 000元,A产品负担13 300元,B产品负担5 700元。
32. 31日,按本月出售的A、B两种产品的实际成本转账,其中A产品每件500元,共100件,B产品每件50元,共200件。
33. 31日,结转出售甲材料的实际成本3 000元。
34. 31日,A产品100台全部制造完工,并已验收入库。按其实际成本35 300元转账。
35. 31日,计算本月应交城市维护建设税640元。
36. 31日,有关损益类账户发生额如下:

主营业务收入	104 100元	其他业务收入	3 500元	营业税金及附加	640元
主营业务成本	60 000元	其他业务成本	3 000元	营业外支出	1 500元
销售费用	148元	管理费用	8 992元	财务费用	1 000元

结转各损益类账户。
37. 31日,按25%的税率计算并结转本期所得税8 080元。
38. 31日,按净利润的10%计提盈余公积金2 424元。
39. 31日,计算应向投资者分配的利润4 648元。
40. 31日,结转本年净利润24 240元。

【要求】填制专用记账凭证。(附件张数、相关人员签字可以省略)

参考答案

一、单项选择题

1. A 2. C 3. D 4. C 5. B 6. A 7. D 8. B 9. C 10. B
11. C 12. C 13. B 14. C 15. B 16. A 17. D 18. D 19. C 20. C
21. C 22. C 23. A 24. C 25. A 26. C 27. B 28. A 29. A 30. C

二、多项选择题

1. BCD 2. BC 3. ABCD 4. AD 5. BD
6. AD 7. ADC 8. AC 9. ABC 10. AC
11. ABC 12. BCD 13. ABD 14. ABCD 15. AD
16. ACD 17. ABCD 18. ABC 19. ABCD 20. ABCD
21. ABD 22. BD 23. BCD 24. ACD 25. BCD
26. ABD 27. BCD 28. AB 29. ABC 30. AD

三、判断题

1. × 2. √ 3. × 4. × 5. × 6. × 7. × 8. √ 9. √ 10. ×
11. × 12. × 13. × 14. × 15. × 16. × 17. × 18. × 19. × 20. √

四、名词解释

会计凭证简称凭证,是记录经济业务,明确经济责任的书面证明,也是登记账簿的依据。

原始凭证是在经济业务发生或完成时取得或填制的,用以记录经济业务的执行或完成情况,明确经济责任并具有法律效力的书面证明。

记账凭证是根据审核无误的原始凭证或原始凭证汇总表填制的,用来记录经济业务的简要内容,确定会计分录,并作为记账直接依据的会计凭证。

收款凭证是专门记录现金、银行存款等货币资金收入业务的记账凭证。

付款凭证是专门记录现金、银行存款等货币资金付出业务的记账凭证。

转账凭证是专门记录现金、银行存款和其他货币资金收付业务以外的转账业务的记账凭证,它是根据有关转账业务的原始凭证填制的,是登记现金、银行存款以外的有关账簿的依据。

五、简答题

1. 会计凭证按其填制程序和用途的不同可以分为原始凭证和记账凭证。原始凭证按来源不同,可以分为外来原始凭证和自制原始凭证。记账凭证按用途不同,可以分为专用凭证和通用凭证。专用凭证按照其所记录的经济业务是否与现金、银行存款收付有关,分为收款凭证、付款凭证和转账凭证。记账凭证按填制方法不同,可以分为复式记账凭证和单式记账凭证。记账凭证按是否汇总,可以分为单一记账凭证、汇总记账凭证和科目汇总表。

2. 原始凭证按照其来源可以分为外来原始凭证和自制原始凭证。外来原始凭证是从外部取得的,如购买材料的发货票、出差的火车票等。自制原始凭证按填制的手续和方法不同可以分为一次凭证、累计凭证和汇总凭证。大多数自制凭证都是一次凭证,如销售产品的发货票、入库单、收料单、差旅费借款单等。累计凭证是分次填写完成的,如限额领料单。汇总凭证是根据若干相同业务的原始凭证汇总填列的,如收料凭证汇总表、发料凭证汇总表等。

3. 原始凭证的填制要求:真实可靠,内容完整,手续完备,书写清楚规范,填制及时。

原始凭证的审核内容:原始凭证的真实性;原始凭证的合法性、合理性;原始凭证的完整性;原始凭证的及时性。

4. 记账凭证的填制要求包括:

(1)真实可靠,内容完整,手续完备,书写清楚规范,填制及时。

(2)不得把不同类型经济业务合并填列一张记账凭证。
(3)必须连续编号。
(4)摘要应简明扼要。
(5)正确填写会计分录。
(6)附件齐全。
(7)如果在填制记账凭证时发生错误,应当重新填制。
(8)记账凭证填制完成后,如有空行,应将金额栏空行处划线注销。

记账凭证的审核内容:
(1)审核记账凭证是否附有原始凭证,原始凭证是否齐全,记账凭证的内容与所附原始凭证的内容是否相符,金额是否一致等。
(2)审核记账凭证中会计分录是否正确。
(3)审核记账凭证的其他内容是否齐全、正确。

六、业务题

1.

收 款 凭 证

借方科目:银行存款　　　　　　20××年12月2日　　　　　　　　收字第1号

摘 要	贷方科目		金 额								过账
	总账科目	明细科目	十	万	千	百	十	元	角	分	
国家投资	实收资本	国家资本金		2	0	0	0	0	0	0	
合　　　计			¥	2	0	0	0	0	0	0	

附凭证　　张

主管:×××　　会计:×××　　记账:×××　　审核:×××　　制单:×××

2.

转 账 凭 证

20××年12月3日　　　　　　　　转字第1号

摘 要	借方科目		贷方科目		金 额								过账
	总账科目	明细科目	总账科目	明细科目	十	万	千	百	十	元	角	分	
接受投资	固定资产		实收资产				8	0	0	0	0	0	
合　　　计					¥		8	0	0	0	0	0	

附凭证　　张

主管:×××　　会计:×××　　记账:×××　　审核:×××　　制单:×××

3.

收 款 凭 证

借方科目:银行存款　　　　　　20××年12月3日　　　　　　　　收字第2号

摘 要	贷方科目		金 额								过账
	总账科目	明细科目	十	万	千	百	十	元	角	分	
向银行借款	短期借款			5	0	0	0	0	0	0	
合　　　计			¥	5	0	0	0	0	0	0	

附凭证　　张

主管:×××　　会计:×××　　记账:×××　　审核:×××　　制单:×××

4.

收 款 凭 证

借方科目：银行存款　　　　　　20××年12月4日　　　　　　收字第3号

摘 要	贷方科目		金 额								过账
	总账科目	明细科目	十	万	千	百	十	元	角	分	
向银行借款	长期借款			3	5	1	0	0	0	0	
合　　　　计			¥	3	5	1	0	0	0	0	

主管：×××　　会计：×××　　记账：×××　　审核：×××　　制单：×××

5.

付 款 凭 证

贷方科目：银行存款　　　　　　20××年12月5日　　　　　　付字第1号

摘 要	借方科目		金 额								过账
	总账科目	明细科目	十	万	千	百	十	元	角	分	
采购材料	原材料	甲材料		3	2	0	0	0	0	0	
		乙材料			8	0	0	0	0	0	
	应交税费	应交增值税			6	8	0	0	0	0	
合　　　　计			¥	4	6	8	0	0	0	0	

主管：×××　　会计：×××　　记账：×××　　审核：×××　　制单：×××

6.

转 账 凭 证

20××年12月5日　　　　　　转字第2号

摘 要	借方科目		贷方科目		金 额								过账
	总账科目	明细科目	总账科目	明细科目	十	万	千	百	十	元	角	分	
采购材料	在途物资	丙材料	应付账款			5	0	0	0	0	0	0	
	应交税费	应交增值税	应付账款				8	5	0	0	0	0	
合　　　　计					¥	5	8	5	0	0	0	0	

主管：×××　　会计：×××　　记账：×××　　审核：×××　　制单：×××

7.

付 款 凭 证

贷方科目：银行存款　　　　　　20××年12月7日　　　　　　付字第2号

摘 要	借方科目		金 额								过账
	总账科目	明细科目	十	万	千	百	十	元	角	分	
支付运费	在途物资	丙材料				3	0	0	0	0	
合　　　　计				¥		3	0	0	0	0	

主管：×××　　会计：×××　　记账：×××　　审核：×××　　制单：×××

8.

转 账 凭 证

20×× 年 12 月 7 日　　　　　　　　　　　　　　　转字第 3 号

摘要	借方科目		贷方科目		金额								过账
	总账科目	明细科目	总账科目	明细科目	十万	千	百	十	元	角	分		
结转材料采购成本	原材料	丙材料	在途物资	丙材料		5	0	3	0	0	0	0	
合　　　计					¥	5	0	3	0	0	0	0	

主管：×××　　会计：×××　　记账：×××　　审核：×××　　制单：×××

9.

付 款 凭 证

贷方科目：银行存款　　　　　20×× 年 12 月 8 日　　　　　　付字第 3 号

摘要	借方科目		金额								过账
	总账科目	明细科目	十万	千	百	十	元	角	分		
交税	应交税费	应交增值税			4	2	0	0	0	0	
	应交税费	应交城建税				2	0	0	0	0	
合　　　计			¥		4	4	0	0	0	0	

主管：×××　　会计：×××　　记账：×××　　审核：×××　　制单：×××

10.

付 款 凭 证

贷方科目：银行存款　　　　　20×× 年 12 月 11 日　　　　　付字第 4 号

摘要	借方科目		金额								过账
	总账科目	明细科目	十万	千	百	十	元	角	分		
预付材料款	预付账款	光明工厂		7	0	0	0	0	0		
合　　　计			¥	7	0	0	0	0	0		

主管：×××　　会计：×××　　记账：×××　　审核：×××　　制单：×××

11.

付 款 凭 证

贷方科目：银行存款　　　　　20×× 年 12 月 12 日　　　　　付字第 5 号

摘要	借方科目		金额								过账
	总账科目	明细科目	十万	千	百	十	元	角	分		
偿还货款	应付账款	胜利工厂		3	4	0	0	0	0		
合　　　计			¥	3	4	0	0	0	0		

主管：×××　　会计：×××　　记账：×××　　审核：×××　　制单：×××

12.

转 账 凭 证

20××年12月13日   转字第4号

摘要	借方科目		贷方科目		金额								过账
	总账科目	明细科目	总账科目	明细科目	十	万	千	百	十	元	角	分	
仓库发料	生产成本	A产品	原材料	甲材料		8	0	0	0	0	0	0	
	生产成本	B产品	原材料	甲材料		8	0	0	0	0	0	0	
	制造费用		原材料	甲材料		4	0	0	0	0	0	0	
	管理费用		原材料	甲材料			4	0	0	0	0	0	
合 计					¥	2	0	4	0	0	0	0	

主管：××× 　　会计：××× 　　记账：××× 　　审核：××× 　　制单：×××

附凭证　张

13.

付 款 凭 证

贷方科目：银行存款　　　　20××年12月14日　　　　付字第6号

摘要	借方科目		金额								过账
	总账科目	明细科目	十	万	千	百	十	元	角	分	
支付办公费	管理费用	办公费			1	6	0	0	0	0	
合 计			¥		1	6	0	0	0	0	

主管：××× 　　会计：××× 　　记账：××× 　　审核：××× 　　制单：×××

附凭证　张

14.

付 款 凭 证

贷方科目：银行存款　　　　20××年12月15日　　　　付字第7号

摘要	借方科目		金额								过账
	总账科目	明细科目	十	万	千	百	十	元	角	分	
支付罚款	营业外支出					5	0	0	0	0	
合 计			¥			5	0	0	0	0	

主管：××× 　　会计：××× 　　记账：××× 　　审核：××× 　　制单：×××

附凭证　张

15.

收 款 凭 证

借方科目：银行存款　　　　20××年12月16日　　　　收字第4号

摘要	贷方科目		金额								过账
	总账科目	明细科目	十	万	千	百	十	元	角	分	
收青河公司偿还的货款	应收账款	青河公司		4	5	0	0	0	0	0	
合 计			¥	4	5	0	0	0	0	0	

主管：××× 　　会计：××× 　　记账：××× 　　审核：××× 　　制单：×××

附凭证　张

16.

转 账 凭 证

20×× 年 12 月 18 日   转字第 5 号

摘要	借方科目		贷方科目		金额								过账
	总账科目	明细科目	总账科目	明细科目	十	万	千	百	十	元	角	分	
报销差旅费	制造费用	差旅费	其他应收款	王强				2	3	7	0	0	
合 计							¥	2	3	7	0	0	

主管：××× 会计：××× 记账：××× 审核：××× 制单：×××

附凭证　张

收 款 凭 证

借方科目：银行存款   20×× 年 12 月 18 日   收字第 5 号

摘 要	贷方科目		金额								过账
	总账科目	明细科目	十	万	千	百	十	元	角	分	
王强交差旅费余款	其他应收款	王强						6	3	0	0	
合 计							¥	6	3	0	0	

主管：××× 会计：××× 记账：××× 审核：××× 制单：×××

附凭证　张

17.

付 款 凭 证

贷方科目：银行存款   20×× 年 12 月 19 日   付字第 8 号

摘 要	借方科目		金额								过账
	总账科目	明细科目	十	万	千	百	十	元	角	分	
支付电费	制造费用				4	3	6	3	0	0		
	管理费用					7	9	2	0	0		
合 计				¥	5	1	5	5	0	0	

主管：××× 会计：××× 记账：××× 审核：××× 制单：×××

附凭证　张

18.

转 账 凭 证

20×× 年 12 月 20 日   转字第 6 号

摘 要	借方科目		贷方科目		金额								过账
	总账科目	明细科目	总账科目	明细科目	十	万	千	百	十	元	角	分	
销售产品	应收账款	M公司	主营业务收入	A产品		9	2	1	0	0	0	0	
	应收账款	M公司	应交税费	应交增值税		1	5	6	5	7	0	0	
合 计					1	0	7	7	5	7	0	0	

主管：××× 会计：××× 记账：××× 审核：××× 制单：×××

附凭证　张

19.

付 款 凭 证

贷方科目：银行存款　　　　　　　　20××年12月20日　　　　　　　付字第9号

摘要	借方科目		金额								过账	附凭证　　张
	总账科目	明细科目	十	万	千	百	十	元	角	分		
支付产品装卸费	销售费用	装卸费				1	4	8	0	0		
合　　　计					¥	1	4	8	0	0		

主管：×××　　会计：×××　　记账：×××　　审核：×××　　制单：×××

20.

付 款 凭 证

贷方科目：库存现金　　　　　　　　20××年12月21日　　　　　　　付字第10号

摘要	借方科目		金额								过账	附凭证　　张
	总账科目	明细科目	十	万	千	百	十	元	角	分		
支付下半年书报费	预付账款						4	8	0	0		
合　　　计						¥	4	8	0	0		

主管：×××　　会计：×××　　记账：×××　　审核：×××　　制单：×××

21.

付 款 凭 证

贷方科目：银行存款　　　　　　　　20××年12月22日　　　　　　　付字第11号

摘要	借方科目		金额								过账	附凭证　　张
	总账科目	明细科目	十	万	千	百	十	元	角	分		
发放工资	应付职工薪酬	工资		2	4	0	0	0	0	0		
合　　　计				¥	2	4	0	0	0	0		

主管：×××　　会计：×××　　记账：×××　　审核：×××　　制单：×××

22.

付 款 凭 证

贷方科目：库存现金　　　　　　　　20××年12月23日　　　　　　　付字第12号

摘要	借方科目		金额								过账	附凭证　　张
	总账科目	明细科目	十	万	千	百	十	元	角	分		
向灾区捐赠	营业外支出	捐赠支出			1	0	0	0	0	0		
合　　　计					¥	1	0	0	0	0	0		

主管：×××　　会计：×××　　记账：×××　　审核：×××　　制单：×××

23.

付 款 凭 证

贷方科目：库存现金　　　　20××年12月23日　　　　付字第13号

摘要	借方科目		金额								过账
	总账科目	明细科目	十	万	千	百	十	元	角	分	
李梅借差旅费	其他应收款	李梅			5	0	0	0	0	0	
合　　计				¥	5	0	0	0	0	0	

主管：×××　　会计：×××　　记账：×××　　审核：×××　　制单：×××

24.

收 款 凭 证

借方科目：银行存款　　　　20××年12月24日　　　　收字第6号

摘要	贷方科目		金额								过账
	总账科目	明细科目	十	万	千	百	十	元	角	分	
销售产品	主营业务收入	B产品		1	2	0	0	0	0	0	
	应交税费	应交增值税			2	0	4	0	0	0	
合　　计				¥	1	4	0	4	0	0	

主管：×××　　会计：×××　　记账：×××　　审核：×××　　制单：×××

25.

收 款 凭 证

借方科目：银行存款　　　　20××年12月24日　　　　收字第7号

摘要	贷方科目		金额								过账
	总账科目	明细科目	十	万	千	百	十	元	角	分	
销售材料	其他业务收入	材料销售			3	5	0	0	0	0	
	应交税费	应交增值税				5	9	5	0	0	
合　　计				¥	4	0	9	5	0	0	

主管：×××　　会计：×××　　记账：×××　　审核：×××　　制单：×××

26.

付 款 凭 证

贷方科目：银行存款　　　　20××年12月25日　　　　付字第14号

摘要	借方科目		金额								过账
	总账科目	明细科目	十	万	千	百	十	元	角	分	
支付职工困难补助	应付职工薪酬				1	2	0	0	0	0	
合　　计				¥	1	2	0	0	0	0	

主管：×××　　会计：×××　　记账：×××　　审核：×××　　制单：×××

27.

付 款 凭 证

贷方科目：银行存款　　　　　20××年12月26日　　　　　　　付字第15号

摘要	借方科目		金额							过账
	总账科目	明细科目	十万	千	百	十	元	角	分	
支付银行借款利息	财务费用	利息支出		4	0	0	0	0	0	
	应付利息	利息支出		8	0	0	0	0	0	
合　　　计			¥1	2	0	0	0	0	0	

主管：××× 　会计：××× 　记账：××× 　审核：××× 　制单：×××

28.

转 账 凭 证

20××年12月30日　　　　　　　转字第7号

摘要	借方科目		贷方科目		金额							过账
	总账科目	明细科目	总账科目	明细科目	十	万	千	百	十	元	角	分	
结算工资	生产成本	A产品	应付职工薪酬			1	4	0	0	0	0	0	
	生产成本	B产品	应付职工薪酬				6	0	0	0	0	0	
	制造费用	工资	应付职工薪酬				2	4	0	0	0	0	
	管理费用	工资	应付职工薪酬				1	6	0	0	0	0	
合　　　计					¥	2	4	0	0	0	0	0	

主管：××× 　会计：××× 　记账：××× 　审核：××× 　制单：×××

29.

转 账 凭 证

20××年12月30日　　　　　　　转字第8号

摘要	借方科目		贷方科目		金额							过账
	总账科目	明细科目	总账科目	明细科目	十	万	千	百	十	元	角	分	
计提折旧	制造费用	折旧费	累计折旧				8	0	0	0	0	0	
	管理费用	折旧费	累计折旧				4	6	0	0	0	0	
合　　　计					¥	1	2	6	0	0	0	0	

主管：××× 　会计：××× 　记账：××× 　审核：××× 　制单：×××

30.

转 账 凭 证

20××年12月30日　　　　　　　转字第9号

摘要	借方科目		贷方科目		金额							过账
	总账科目	明细科目	总账科目	明细科目	十	万	千	百	十	元	角	分	
预提利息	财务费用	利息支出	应付利息					6	0	0	0	0	
合　　　计						¥		6	0	0	0	0	

主管：××× 　会计：××× 　记账：××× 　审核：××× 　制单：×××

31.

转 账 凭 证

20×× 年 12 月 30 日　　　　　　　　　　转字第 10 号

摘要	借方科目		贷方科目		金额								过账
	总账科目	明细科目	总账科目	明细科目	十	万	千	百	十	元	角	分	
分配制造	生产成本	A产品	制造费用			1	3	3	0	0	0	0	
费用	生产成本	B产品	制造费用				5	7	0	0	0	0	
合　　计					¥	1	9	0	0	0	0	0	

附凭证　张

主管：×××　　会计：×××　　记账：×××　　审核：×××　　制单：×××

32.

转 账 凭 证

20×× 年 12 月 30 日　　　　　　　　　　转字第 11 号

摘要	借方科目		贷方科目		金额								过账
	总账科目	明细科目	总账科目	明细科目	十	万	千	百	十	元	角	分	
结转已销售	主营业务成本	A产品	库存商品	A产品		5	0	0	0	0	0	0	
产品成本	主营业务成本	B产品	库存商品	B产品		1	0	0	0	0	0	0	
合　　计					¥	6	0	0	0	0	0	0	

附凭证　张

主管：×××　　会计：×××　　记账：×××　　审核：×××　　制单：×××

33.

转 账 凭 证

20×× 年 12 月 30 日　　　　　　　　　　转字第 12 号

摘要	借方科目		贷方科目		金额								过账
	总账科目	明细科目	总账科目	明细科目	十	万	千	百	十	元	角	分	
结转已销售	其他业务成本	材料销售	原材料	甲材料			3	0	0	0	0	0	
材料成本													
合　　计					¥		3	0	0	0	0	0	

附凭证　张

主管：×××　　会计：×××　　记账：×××　　审核：×××　　制单：×××

34.

转 账 凭 证

20×× 年 12 月 30 日　　　　　　　　　　转字第 13 号

摘要	借方科目		贷方科目		金额								过账
	总账科目	明细科目	总账科目	明细科目	十	万	千	百	十	元	角	分	
结转验收入	库存商品	A产品	生产成本	A产品		3	5	3	0	0	0	0	
库产品成本													
合　　计					¥	3	5	3	0	0	0	0	

附凭证　张

主管：×××　　会计：×××　　记账：×××　　审核：×××　　制单：×××

35.

转 账 凭 证

20×× 年 12 月 30 日　　　　　　　　转字第 14 号

摘要	借方科目		贷方科目		金　　　额								过账
	总账科目	明细科目	总账科目	明细科目	十	万	千	百	十	元	角	分	
计算应交城建税	营业税金及附加		应交税费	应交城建税				6	4	0	0	0	
合　　计							¥	6	4	0	0	0	

附凭证　　张

主管：×××　　会计：×××　　记账：×××　　审核：×××　　制单：×××

36.

转 账 凭 证

20×× 年 12 月 30 日　　　　　　　　转字第 15 号

摘要	借方科目		贷方科目		金　　　额								过账
	总账科目	明细科目	总账科目	明细科目	十	万	千	百	十	元	角	分	
结转收入	主营业务收入		本年利润			1	0	4	1	0	0	0	
	其他业务收入		本年利润				3	5	0	0	0	0	
合　　计						1	0	7	6	0	0	0	

附凭证　　张

主管：×××　　会计：×××　　记账：×××　　审核：×××　　制单：×××

转 账 凭 证

20×× 年 12 月 30 日　　　　　　　　转字第 16　1/2 号

摘要	借方科目		贷方科目		金　　　额								过账
	总账科目	明细科目	总账科目	明细科目	十	万	千	百	十	元	角	分	
结转费用	本年利润		主营业务成本			6	0	0	0	0	0	0	
	本年利润		其他业务成本				3	0	0	0	0	0	
	本年利润		营业税金及附加					6	4	0	0	0	
	本年利润		销售费用					1	4	8	0	0	
合　　计													

附凭证　　张

主管：×××　　会计：×××　　记账：×××　　审核：×××　　制单：×××

转 账 凭 证

20×× 年 12 月 30 日　　　　　　　　转字第 16　2/2 号

摘要	借方科目		贷方科目		金　　　额								过账
	总账科目	明细科目	总账科目	明细科目	十	万	千	百	十	元	角	分	
结转费用	本年利润		财务费用				1	0	0	0	0	0	
	本年利润		管理费用				8	9	9	2	0	0	
	本年利润		营业外支出				1	5	0	0	0	0	
合　　计						¥	7	5	2	8	0	0	

附凭证　　张

主管：×××　　会计：×××　　记账：×××　　审核：×××　　制单：×××

37.

转 账 凭 证
20××年12月30日　　　　　　　转字第17号

摘要	借方科目		贷方科目		金额								过账
	总账科目	明细科目	总账科目	明细科目	十	万	千	百	十	元	角	分	
计算所得税	所得税费用		应交税费	应交所得税		8	0	8	0	0	0		
合　　计					¥	8	0	8	0	0	0		

主管：×××　　会计：×××　　记账：×××　　审核：×××　　制单：×××

转 账 凭 证
20××年12月30日　　　　　　　转字第18号

摘要	借方科目		贷方科目		金额								过账
	总账科目	明细科目	总账科目	明细科目	十	万	千	百	十	元	角	分	
结转所得税	本年利润		所得税费用			8	0	8	0	0	0		
合　　计					¥	8	0	8	0	0	0		

主管：×××　　会计：×××　　记账：×××　　审核：×××　　制单：×××

38.

转 账 凭 证
20××年12月30日　　　　　　　转字第19号

摘要	借方科目		贷方科目		金额								过账
	总账科目	明细科目	总账科目	明细科目	十	万	千	百	十	元	角	分	
计提盈余公积	利润分配		盈余公积				2	4	2	4	0	0	
合　　计					¥		2	4	2	4	0	0	

主管：×××　　会计：×××　　记账：×××　　审核：×××　　制单：×××

39.

转 账 凭 证
20××年12月30日　　　　　　　转字第20号

摘要	借方科目		贷方科目		金额								过账
	总账科目	明细科目	总账科目	明细科目	十	万	千	百	十	元	角	分	
应分配利润	利润分配		应付股利				4	6	4	8	0	0	
合　　计					¥		4	6	4	8	0	0	

主管：×××　　会计：×××　　记账：×××　　审核：×××　　制单：×××

40.

转 账 凭 证

20×× 年 12 月 30 日　　　　　　　　　　　　　　转字第 21 号

摘 要	借方科目		贷方科目		金　额								过账	附凭证张
	总账科目	明细科目	总账科目	明细科目	十	万	千	百	十	元	角	分		
结转净利润	本年利润		利润分配			2	4	2	4	0	0	0		
合　　　计					¥	2	4	2	4	0	0	0		

主管：××× 　　 会计：××× 　　 记账：××× 　　 审核：××× 　　 制单：×××

第 8 章

会 计 账 簿

 知识点概要

8.1 账簿的意义和种类

会计账簿简称账簿,是以会计凭证为依据,全面、系统、序时、分类、连续地记录和反映各项经济业务的簿籍,它由具有一定格式,又互相联系的账页所组成。设置和登记账簿是会计核算的重要方法之一。

1. 账簿按其用途分类

账簿按其用途可分为序时账簿、分类账簿和备查账簿。

序时账簿又称日记账簿,它是按经济业务发生和完成时间的先后顺序,逐日逐笔连续进行登记的账簿。按其记录的内容不同,又分为普通日记账和特种日记账。普通日记账是用来登记全部经济业务发生情况的日记账,通常把每天所发生的经济业务,按照业务发生的先后顺序,编成会计分录计入账簿中,所以又称为分录日记账。特种日记账是用来记录某一类经济业务发生情况的日记账,通常把某一类比较重要的经济业务,按发生的时间先后顺序记入账簿中,如现金日记账和银行存款日记账。

分类账簿又称分类账,是按照账户的分类对经济业务进行核算和监督的账簿。分类账簿按其反映指标的详细程度划分,可分为总分类账簿和明细分类账簿。

总分类账簿简称总账,是根据总分类科目开设,用以记录全部经济业务总括核算资料的分类账簿。

明细分类账簿简称明细账,是根据总账科目设置,按其所属明细科目开设,用以记录某一类经济业务详细资料的分类账。

备查账簿又称辅助账簿,是对某些不能在日记账和分类账中记录的经济事项或记录不全的经济业务进行补充登记的账簿。如以经营租赁方式租入固定资产的登记簿、受托加工材料登记簿等。

2. 账簿按外表形式分类

账簿按外表形式可分为订本式账簿、活页式账簿、卡片式账簿。

订本式账簿又称订本账,是在账簿启用前,就把若干账页顺序编号并固定装订成册的账簿。订本式账簿能够避免账页散失,防止人为抽换账页。但是不能增减账页,不利于分工协作。订本式账簿主要适用于总分类账和特种日记账。

活页式账簿又称活页账,是在启用前和使用过程中把账页置于活页账夹内,可以随时增添或取出账页的账簿。其优点是在记账时可根据实际需要,随时增减账页,便于连续登记和记账人员分工,还便于实现记账工作自动化。缺点是账页容易丢失和被抽换。活页账一般用于各种明细分类账。

卡片式账簿又称卡片账,是由专门格式、分散的卡片作为账页组成的账簿。采用卡片式账簿的优缺点与活页账簿相同,所以卡片式账簿必须顺序编号并装置在卡片箱内,由专人保管。主要是用于记录内容比较复杂的财产明细账,如固定资产明细账。

8.2 账簿的设置与登记

1. 账簿的基本内容

各种账簿的基本内容包括封面、扉页和账页。

2. 日记账的设置和登记

普通日记账是用来登记一般经济业务的序时账。账页格式一般只设置借方和贷方两个金额栏,以便分别记入各项经济业务所确定的账户名称及金额,也称两栏式日记账或分录簿。

其优点是可以将每天发生的经济业务逐笔加以反映。缺点是不便于分工记账,而且不能将经济业务加以分类归集,过账的工作量又比较大。

特种日记账是用来专门记录某一类经济业务的日记账。常见的特种日记账有现金日记账和银行存款日记账,它们是专门用于记录货币资金收支情况的日记账,特种日记账应采用订本式账簿,其格式一般采用三栏式。

(1) 现金日记账。现金日记账通常由出纳人员根据审核无误的现金收款凭证、现金付款凭证,逐日逐笔顺序登记。每日登记完现金的收付款业务后,计算出现金收入和支出的合计数,并结出每日的账面余额。并将现金日记账的账面余额与库存现金实存数进行核对,以检查两者是否相符。

(2) 银行存款日记账。银行存款日记账通常是由出纳人员根据审核无误后的银行存款收款凭证、银行存款付款凭证,逐日逐笔顺序登记。

3. 分类账的设置和登记

(1) 总分类账户的设置和登记。总分类账是按照总分类账户分类登记全部经济业务的账簿。在总分类账中,应按照会计科目的编码顺序分设账户,并为每个账户预留若干账页。任何单位都要设置总分类账。总分类账一般采用三栏式的订本账。

总分类账的登记方法很多,可以根据各种记账凭证逐笔登记,也可以定期汇总登记。

(2) 明细分类账户的设置和登记。明细分类账是按照明细分类账户详细记录某一经济业务的账簿。根据实际需要,各种明细分类账分别按照二级科目或明细科目开设账户,各单位根据经营管理的需要,为各种材料物资、应收应付款项、收入、费用、利润等有关总账科目设置各种明细分类账。明细分类账一般采用活页式账簿、卡片式账簿。明细分类账可以采用三栏式、多栏式、数量金额式。

三栏式明细账适用于那些只需要进行金额核算而不需要进行数量核算的债权、债务结算科目,如"应收账款""应付账款"等只需进行金额核算的明细账。

数量金额式明细账适用于既要进行金额明细核算,又要进行数量明细核算的财产物资项目。如"原材料""库存商品"等账户的明细核算。

多栏式明细账适用于只记金额,不记数量,而且在管理上需要了解其构成内容的费用、收入、利润科目,如"管理费用""主营业务收入""本年利润"等科目。

费用明细账一般按借方设多栏,收入明细账一般按贷方设多栏,财务成果明细账一般按借方和贷方分设多栏。

8.3 账簿的启用与登记原则

1. 账簿启用的规则

启用会计账簿时,应填制以下内容:填写封面、单位名称和账簿名称;填写账簿启用表;填写账户目录,包括账户名称、各账户页数;贴印花税票。

2. 账簿登记规则

进行账簿登记,应遵循以下原则:

(1)必须以审核无误的会计凭证为依据,要将凭证的种类编号等有关资料逐项记入账页。记账后应在凭证上注明账簿页数或作"√"符号表示已登记入账。

(2)账簿中书写的文字和数字不要写满格,一般应占格长的1/2。

(3)必须用蓝色或黑色墨水书写,不得使用铅笔或圆珠笔,红色墨水只能在冲销错账等情况下使用。

(4)按账页行次顺序连续登记,不得跳行、隔页。

(5)记账的文字和数字要书写端正、清晰。

(6)填写余额的方向。

(7)各账户在一张账页记账满时,应办理转页手续。

3. 错账更正规则

记账是会计核算的一个重要环节,由于种种原因,可能出现错账。错账有多种类型,归纳起来,有证错和账错两种。证错,就是记账凭证中错填会计科目和金额,引起账簿记录的错误。账错,就是记账和结算账户时发生的错误,如漏记账、记重账、记反账、记串账户、记错金额等。

(1)错账查找方法包括个别检查法、全面检查法。

个别检查法是针对错账的数字进行检查的方法。适用于检查方向记反、数字错位、数字颠倒等造成的记账错误。包括差数法、倍数法、除九法。

全面检查法是对一定时期的账目进行全面核对的检查方法,分为顺差法和逆差法。

(2)错账更正方法。错账发现后,应根据具体情况采用不同的方法更正,错账更正方法有划线更正法、红字更正法和补充登记法。

划线更正法适用于账簿记录有错误,而其所依据的记账凭证没有错误,即纯属记账时文字或数字的笔误。更正的方法是将错误的文字或数字划一条红色横线注销,但必须使原有字迹仍可辨认,以备查考;然后,在划线的上方用蓝字或黑字将正确的文字或数字填写在同一行的上方位置,并由更正人员在更正处盖章,以明确责任。

红字更正法适用于以下两种情况:一是记账以后,发现记账凭证中的应借、应贷会计科目或记账方向有错误。更正的方法是:先用红字金额填制一张与原错误记账凭证内容完全相同的记账凭证,并据以用红字登记入账,冲销原有错误的账簿记录;然后,再用蓝字或黑字填制一张正确的记账凭证,据以用蓝字或黑字登记入账。

二是记账以后,发现记账凭证中应借、应贷的会计科目、记账方向都没有错误,只是所记金额大于应记的正确金额。更正的方法是,将多记的金额用红字填制一张与原错误记账凭证所记载的借贷方向,应借、应贷会计科目相同的记账凭证,并据以登记入账,以冲销多记金额,得到正确金额。

补充登记法又称蓝字补记法。适用于记账以后,发现记账凭证中应借、应贷的会计科目和记账方向都没有错误,只是所记金额小于应记的正确金额。更正的方法是将少记的金额用蓝字或黑字填制一张与原错误记账凭证所记载的借贷方向、应借应贷会计科目相同的记账凭证,并在"摘要"栏内注明"补充第×号凭证少计数",并据以登记入账。

8.4 对账和结账

1. 对账

对账是指在会计期末将账簿记录进行核对的工作。

对账的内容包括账证核对、账账核对、账实核对和账表核对。

(1)账证核对。账证核对是指账簿记录同记账凭证及其所附的原始凭证核对。账证核对在日常记账过程中就应进行,以便及时发现错账,进行更正。这是保证账账相符、账实相符的基础。

(2)账账核对。账账核对是指各种账簿之间的相关数字进行核对。其核对内容主要包括:

①总分类账各账户本期借方发生额合计与贷方发生额合计核对。

②总分类账各账户借方余额合计与贷方余额合计核对。

③各种明细账的本期发生额及期末余额同总分类账中有关账户发生额及余额核对。

④现金、银行存款日记账的本期发生额及期末余额同总分类账发生额及余额核对。

以上核对一般通过编制总分类账户发生额及余额表和明细账户发生额及余额表进行。

⑤会计部门各种财产物资明细分类账的期末余额与保管或使用部门的财产物资明细分类账的期末余额核对相符。

(3)账实核对。账实核对是指将账面结存数同财产物资、款项等的实际结存数核对。账实核对是通过财产清查进行的,具体内容包括:

①银行存款日记账的余额同开户银行的对账单核对。

②现金日记账的余额与现金实际库存数核对相符。

③财产物资明细账的结存数量与实存数量核对相符。

④各种债权、债务明细账账面余额与有关债权、债务单位相互核对。

账表核对是指将账簿记录与各种会计报表相互核对。

对账的要求是账证相符、账账相符、账实相符和账表相符。

2. 结账

结账是在把一定时期内所发生的经济业务全部登记入账的基础上,将各种账簿的记录结算清楚,以便根据账簿记录编制会计报表。

结账包括以下工作：

（1）检查本期内发生的所有经济业务是否均已填制或取得了会计凭证，并据以登记入账。

（2）按照权责发生制原则，对有关应计的收入和费用进行调整。

（3）检查各种费用成本和收入成果是否均已与有关账户之间完成了结转。

（4）计算各账户的本期发生额及期末余额，分别进行试算平衡。

（5）月度结账时，将借、贷方发生额和月末余额填列于最后一笔记录之下，并在数字的上、下端各划一条单红线。

（6）年度结账时，在12月份结账记录的下一行填列全年12个月的发生额合计数，在"摘要"栏内注明"全年发生额及年末余额"字样，并在下面划两道红线。年度结账后将年末余额转入下年，结束各账户。

8.5　账簿的更换和保管

账簿的更换是指在会计年度终了，将上一年度旧账更换为下一年度新账。即年度终了，将有余额账户的余额直接转入新账的余额栏内，不需要编制记账凭证的过程。

不是所有的账簿都要更换为新账，一般总账、日记账和大多数明细分类账应每年更换一次。但有些财产物资明细分类账和债权债务明细分类账可以跨年度使用，不必每年更换一次。第二年使用时，可直接在上一年终了的双红线下面记账。各种备查账簿也可以连续使用。

账簿的保管分为日常保管和归档保管。

自我训练

一、单项选择题

1. 库存现金日记账和银行存款日记账属于（　　）。
   A. 分类账簿　　　　　　　　B. 序时账簿
   C. 备查账簿　　　　　　　　D. 联合账簿
2. 实际工作中使用的库存现金日记账、银行存款日记账属于（　　）。
   A. 分录簿　　　　　　　　　B. 普通日记账
   C. 两栏日记账　　　　　　　D. 特种日记账
3. 总分类账一般采用（　　）。
   A. 卡片式　　　　　　　　　B. 多栏式
   C. 订本式　　　　　　　　　D. 活页账
4. 库存现金日记账是由（　　）登记的。
   A. 会计人员　　　　　　　　B. 出纳人员
   C. 会计主管　　　　　　　　D. 非出纳人员
5. 下列不属于总账登记依据的是（　　）。
   A. 记账凭证　　　　　　　　B. 科目汇总表

C. 原始凭证　　　　　　　　　　D. 汇总记账凭证

6. 按用途分类的账簿是(　　)。
   A. 订本式账簿　　　　　　　　　B. 活页式账簿
   C. 序时账簿　　　　　　　　　　D. 卡片式账簿

7. 下列各项中,可以采用活页账簿的是(　　)。
   A. 特种日记账　　　　　　　　　B. 普通日记账
   C. 总分类账　　　　　　　　　　D. 明细分类账

8. "固定资产"明细账按照外表形式分类属于(　　)账簿。
   A. 订本式　　　　　　　　　　　B. 卡片式
   C. 活页式　　　　　　　　　　　D. 平行登记式

9. 将账簿分为序时账簿、分类账簿和备查账簿的标准是(　　)。
   A. 用途　　　　　　　　　　　　B. 内容
   C. 格式　　　　　　　　　　　　D. 形式

10. 原材料明细账一般采用(　　)形式。
    A. 订本式　　　　　　　　　　 B. 卡片式
    C. 活页式　　　　　　　　　　 D. 备查式

11. 银行存款日记账应采用(　　)形式。
    A. 订本式　　　　　　　　　　 B. 卡片式
    C. 活页式　　　　　　　　　　 D. 备查式

12. 下列账户中,可以采用多栏式账页格式的是(　　)。
    A. 应付账款　　　　　　　　　 B. 原材料
    C. 生产成本　　　　　　　　　 D. 库存现金

13. 下列是三栏式明细分类账的三个栏目是(　　)。
    A. 借方、贷方和余额　　　　　 B. 收入、发出和结余
    C. 数量、单价和金额　　　　　 D. 增加、减少和结存

14. 下列账簿没有固定格式的是(　　)。
    A. 分类账　　　　　　　　　　 B. 明细分类账
    C. 备查账　　　　　　　　　　 D. 日记账

15. 下列账簿可以采用活页式的账簿是(　　)。
    A. 银行存款日记账　　　　　　 B. 现金日记账
    C. 总分类账　　　　　　　　　 D. 库存商品明细账

16. 结账前发现账簿的文字或数字发生错误,而记账凭证没有错误时,可以采用的错账更正方法是(　　)。
    A. 划线更正法　　　　　　　　 B. 红字更正法
    C. 补充登记法　　　　　　　　 D. 更换凭证法

17. 填制记账凭证时会计科目正确,将金额10 000元误记为1 000元,已登记入账,更正时应采用(　　)。
    A. 划线更正法　　　　　　　　 B. 红字更正法
    C. 补充登记法　　　　　　　　 D. 更换凭证法

18. 根据记账凭证登记入账时,记账凭证上误将600元记为6 000元,应采用( )。
    A. 划线更正法　　　　　　　　B. 红字更正法
    C. 补充登记法　　　　　　　　D. 更换凭证法

19. 能够序时地反映企业某一类经济业务会计信息的账簿是( )。
    A. 总分类账　　　　　　　　　B. 明细分类账
    C. 备查账　　　　　　　　　　D. 日记账

20. 不需要根据记账凭证登记的账簿是( )。
    A. 总分类账　　　　　　　　　B. 明细分类账
    C. 备查账　　　　　　　　　　D. 日记账

21. 应收账款明细账的账页格式一般是( )。
    A. 三栏式　　　　　　　　　　B. 多栏式
    C. 平行登记式　　　　　　　　D. 数量金额式

22. 下列对账工作中属于账实核对的是( )。
    A. 企业银行存款日记账与银行对账单核对
    B. 总分类账与所属明细分类账核对
    C. 会计部门的财产物资明细账与财产物资保管部门的有关明细账相核对
    D. 总分类账与日记账核对

23. 结账时,应当划通栏双红线的是( )。
    A. 月结　　　　　　　　　　　B. 累结
    C. 半年结　　　　　　　　　　D. 年结

24. 多栏式明细分类账适用于( )。
    A. 应收账款明细账　　　　　　B. 产成品明细账
    C. 原材料明细账　　　　　　　D. 管理费用明细账

25. 可以采取数量金额式账页的是( )。
    A. 生产成本明细账　　　　　　B. 库存商品明细账
    C. 销售费用明细账　　　　　　D. 管理费用明细账

26. 必须逐日逐笔登记的账簿是( )。
    A. 明细账　　　　　　　　　　B. 总账
    C. 日记账　　　　　　　　　　D. 备查账

27. 补充登记法的适用范围是( )导致账簿错误。
    A. 记账凭证正确,在记账时发生错误
    B. 记账凭证上会计科目或记账方向错误
    C. 记账凭证上会计科目、记账方向正确,所记金额大于应记金额
    D. 记账凭证上会计科目、记账方向正确,所记金额小于应记金额

28. "生产成本"明细账应该采用的格式是( )。
    A. 三栏式　　　　　　　　　　B. 多栏式
    C. 数量金额式　　　　　　　　D. 任意格式

29. 以下关于账簿说法正确的是( )。
    A. 所有账户在年初都要更换新账

B. 在不设借贷栏的多栏式账页中,可以用红笔登记减少数
C. 总分类账可以根据需要选择三栏式、多栏式和数量金额式
D. 所有错账的更正都需要填制记账凭证

30. 以下说法不正确的是(　　)。
A. 账簿按照用途可分为序时账、分类账和备查账
B. 明细账根据需要可以选择三栏式、多栏式和数量金额式
C. 所有账簿都是根据记账凭证登记的
D. 账实核对是通过财产清查进行的

二、多项选择题

1. 会计账簿按其用途不同,可以分为(　　)。
   A. 序时账簿　　　　　　　　B. 分类账簿
   C. 备查账簿　　　　　　　　D. 日记账簿

2. 必须采用订本式的账簿是(　　)。
   A. 现金日记账　　　　　　　B. 固定资产明细账
   C. 银行存款日记账　　　　　D. 应收账款明细账

3. 下列采用三栏式格式的账簿是(　　)。
   A. 应收账款明细账　　　　　B. 原材料明细账
   C. 实收资本明细分类账　　　D. 财务费用明细分类账

4. 数量金额式账页适用于(　　)明细账。
   A. 生产成本　　　　　　　　B. 库存商品
   C. 应收账款　　　　　　　　D. 原材料

5. 多栏式明细分类账适用于(　　)。
   A. 收入、费用明细账　　　　B. 原材料明细账
   C. 固定资产明细账　　　　　D. 本年利润明细账

6. 银行存款日记账的登记依据可以是(　　)。
   A. 银行存款收款凭证　　　　B. 银行存款付款凭证
   C. 现金收款凭证　　　　　　D. 现金付款凭证

7. 以下属于明细分类账登记依据的是(　　)。
   A. 原始凭证　　　　　　　　B. 汇总原始凭证
   C. 记账凭证　　　　　　　　D. 科目汇总表

8. 现金日记账的登记的依据可以是(　　)。
   A. 现金收款凭证　　　　　　B. 现金付款凭证
   C. 银行存款收款凭证　　　　D. 银行存款付款凭证

9. 企业到银行提取现金 2 000 元的业务,应登记(　　)。
   A. 库存现金日记账　　　　　B. 银行存款日记账
   C. 库存现金总分类账　　　　D. 银行存款总分类账

10. 订本式账簿的主要优点有(　　)。
    A. 可以防止账页散失　　　　B. 可以灵活安排分工记账
    C. 可以防止任意抽换账页　　D. 可以防止出现记账错误

11. 任何会计主体都必须设置的账簿有（　　）。
    A. 日记账　　　　　　　　　　B. 辅助账
    C. 总分类账　　　　　　　　　E. 原材料明细账
12. 对账的内容包括（　　）。
    A. 账证核对　　　　　　　　　B. 账表核对
    C. 账实核对　　　　　　　　　D. 账账核对
13. 关于总分类账簿不正确的是（　　）。
    A. 一般采用活页式账簿　　　　B. 一般采用订本式账簿
    C. 按总分类账户设置和登记的账簿　　D. 可采用三栏式或多栏式
14. 账簿应具备的基本内容包括（　　）。
    A. 封面　　　　　　　　　　　B. 扉页
    C. 账页　　　　　　　　　　　D. 会计分录
15. 下列各项可以使用红色墨水笔登记账簿的有（　　）。
    A. 按照红字冲账的记账凭证冲销错误记录
    B. 在不设借贷栏的多栏式账页中登记减少金额
    C. 在期末结账时用红色墨水划通栏红线
    D. 登记期初余额
16. 在会计账簿扉页上填列的内容包括（　　）。
    A. 账簿名称　　　　　　　　　B. 单位名称
    C. 账户名称　　　　　　　　　D. 经管人员
17. 下列各项中，属于活页式账簿优点的有（　　）。
    A. 根据实际需要添加或抽减账页　　B. 避免账页的遗失
    C. 便于记账人员的分工　　　　D. 防止抽换账页
18. 以下属于出纳人员登记的账有（　　）。
    A. 现金日记账　　　　　　　　B. 银行存款日记账
    C. 总账　　　　　　　　　　　D. 明细分类账
19. 采用划线更正法更正错账的要点有（　　）。
    A. 在错误的文字或数字（单个数字）上划一条红线注销
    B. 在错误的文字或数字（整个数字）上划一条红线注销
    C. 在错误的文字或数字上划一条蓝线注销
    D. 将正确的文字或数字用蓝字写在划线的上端，更正人在划线处盖章
20. 会计上允许使用的错账更正的方法有（　　）。
    A. 划线更正法　　　　　　　　B. 红字更正法
    C. 补充更正法　　　　　　　　D. 用涂改液修正
21. 以下明细账不适合采用数量金额式的有（　　）。
    A. 库存商品——乙产品　　　　B. 周转材料——包装物
    C. 应收账款——某单位　　　　D. 实收资本——某单位
22. 记账后发现记账凭证中应借、应贷会计科目正确，只是金额填错，可以用的更正方法有（　　）。

A. 划线更正法 B. 红线更正法
C. 红字更正法 D. 补充登记法

23. 三栏式明细分类账适用于只需要进行金额核算而不需要进行数量核算的( )账户。

A. 债权结算账户 B. 资产账户
C. 负债账户 D. 债务结算账户

24. 关于记账的说法正确的是( )。

A. 一律使用蓝黑墨水钢笔书写
B. 不得使用铅笔或圆珠笔书写
C. 年末结账数字可以使用红色墨水笔书写
D. 一张账页记满时应办理转业手续

25. 以下采用补充登记法更正的是( )。

A. 存现金1 000元,在填制记账凭证时,误将金额填为100元,并已登记入账
B. 存现金1 000元,在填制记账凭证时,误将金额填为10 000元,并已登记入账
C. 购买办公用品5 000元,在填制记账凭证时,误将金额记为500元,并已登记入账
D. 存现金10 000元,记账凭证的金额登记正确但借贷方向记反,并已登记入账

26. 以下说法正确的是( )。

A. 出纳人员不得登记现金日记账和银行存款日记账以外的任何账簿
B. 任何单位都要设置总分类账
C. "本年利润"明细账可以采用多栏式的账簿
D. 对账时要将日记账与明细账核对

27. 关于错账更正法正确的是( )。

A. 划线更正法是在记账凭证未错而账簿记错的情况下使用的
B. 记账后发现记账凭证会计科目用错的情况下需填制两张记账凭证去更正
C. 记账后发现记账凭证会计科目正确,只是金额少记了,需填制两张记账凭证去更正
D. 更正错账时填制的记账凭证也应附有原始凭证

28. 对账的要求包括( )。

A. 账实相符 B. 账表相符
C. 账证相符 D. 账账相符

29. 以下关于账账核对的说法正确的是( )。

A. 期末要将现金、银行存款日记账与总账中现金、银行存款账户进行核对
B. 与其他账簿核对之前总账要进行试算平衡
C. 明细账与总账的核对一般是通过编制明细账发生额及余额表进行的
D. 账账核对只是总账与明细账、日记账之间的核对

30. 关于账实核对正确的是( )。

A. 账实核对是将全部资产的账面数量与实际数量进行核对
B. 账实核对是通过财产清查进行的
C. 银行存款日记账的余额同开户银行送来的对账单核对
D. 债权债务明细账与有关债权债务单位进行核对

三、判断题

1. 订本式账簿是指在记完账后,把记过账的账页装订成册的账簿。（　　）
2. 现金日记账和银行存款日记账必须采用订本式账簿。（　　）
3. 明细分类账、现金日记账、银行存款日记账一般都必须采用三栏式。（　　）
4. 三栏式账簿是指具有日期、摘要、金额三个栏目的账簿。（　　）
5. 备查账簿的登记应以审核无误的会计凭证作为依据。（　　）
6. 总分类账和明细分类账的记账人员必须相同。（　　）
7. 序时账簿中,登记全部经济业务的日记账称为特种日记账。（　　）
8. 所有的总账都应该设置明细账,进行明细分类核算。（　　）
9. 固定资产卡片账不必每年更换,可以连续使用。（　　）
10. 日记账是逐笔序时登记的,月末不必与总账进行核对。（　　）
11. 活页式账簿主要适用于各种日记账。（　　）
12. 明细分类账一般采用活页式账簿,也有的采用卡片式账簿。（　　）
13. "原材料""库存商品"等账户的明细账一般采用三栏式。（　　）
14. 每月银行存款日记账的账面余额与银行对账单进行核对是账实核对的内容之一。（　　）
15. 多栏式明细分类账,一般适用于债权、债务结算账户的明细分类账。（　　）
16. 登记账簿必须用蓝、黑墨水书写,不得使用圆珠笔、铅笔书写。（　　）
17. 总分类账户和明细分类账户必须在同一会计期间登记。（　　）
18. 任何错账均可采用红字更正法进行更正。（　　）
19. 记账后发现账簿中文字或数字有错误,记账凭证没有错,可用划线更正法更正。（　　）
20. 明细账必须逐日逐笔登记,总账必须定期汇总登记。（　　）

四、名词解释

会计账簿　日记账簿　分类账　备查账　总分类账　明细分类账　订本账　活页账　卡片账　对账　结账

五、简答题

1. 账簿如何分类？
2. 明细分类账有哪几种格式？分别适用于哪些账户？
3. 查找错账的方法有哪几种？
4. 错账更正有几种方法？各适用于什么情况？如何更正错账？
5. 试述会计账簿的启用规则。
6. 试述会计账簿的登记规则。
7. 对账包括哪些内容？有哪些要求？
8. 结账时应注意哪些事项？

六、业务题

（一）【目的】练习错账更正方法。

【资料】某企业在对账时发现如下错账：

1. 记账时把25 000误记为2 500,记账凭证正确。
2. 以银行存款偿还短期借款10 000元的业务,记账凭证会计科目正确,但是金额写成了 1 000 元,已经记账。

3. 从银行提取现金 5 500 元,记账凭证会计科目正确,金额写成了 55 000 元,已经记账。

4. 车间生产产品领用材料一批,计 15 000 元,误将"生产成本"科目写为"制造费用"科目,已经记账。

【要求】更正上述错账,要写出采用的方法名称,并写出如何更正。

(二)【目的】练习现金日记账和银行存款日记账的登记。

【资料】某工厂 20×× 年 1 月 1 日现金日记账借方余额 560 元,银行存款日记账借方余额为 45 000 元,1 月份发生如下现金、银行存款业务:

1. 3 日,开出现金支票,从银行提现金 2 600 元。

2. 3 日,购买厂部办公用品,支付现金 200 元。

3. 3 日,采购员李梅出差预借差旅费 800 元,以现金支付。

4. 6 日,开出转账支票偿还某公司 18 000 元货款。

5. 9 日,以银行存款支付产品广告费 4 500 元。

6. 10 日,以银行存款支付短期借款利息 350 元。

7. 15 日,采购员李梅报销差旅费 720 元,余款退回现金。

8. 15 日,从银行取得短期借款 90 000 元,存入银行。

9. 15 日,以银行存款 6 000 元缴纳各种税费。

10. 16 日,购进材料一批,货款 10 000 元,增值税 1 700 元,全部款项以银行存款支付,材料已收入库。

11. 18 日,支付罚款 50 元,以现金付讫。

12. 19 日,收到银行通知,某商场偿还上月所欠货款 65 000 元,已入账。

13. 22 日,收到购货单位预付的货款 9 600 元,存入银行。

14. 25 日,以银行存款预付供应单位购料款 43 000 元。

【要求】

(1)编制专用凭证(用会计分录代替,要写出分类号和摘要)。

(2)登记现金、银行存款日记账。

现金日记账(三栏式)

20×× 年		凭证号数	摘要	对方科目	借方	贷方	余额
月	日						

银行存款日记账(三栏式)

20××年		凭证		摘要	结算凭证		对方科目	收入	支出	余额
月	日	种类	号数		种类	号码				

参考答案

一、单项选择题
1. B 2. D 3. C 4. D 5. C 6. C 7. D 8. B 9. A 10. C
11. A 12. C 13. A 14. C 15. D 16. A 17. C 18. B 19. D 20. C
21. A 22. A 23. D 24. D 25. B 26. C 27. D 28. B 29. B 30. C

二、多项选择题
1. ABC 2. AC 3. AC 4. BD 5. AD
6. ABD 7. ABC 8. ABD 9. ABCD 10. AC
11. AC 12. ABCD 13. AC 14. ABC 15. ABC
16. ABD 17. AC 18. AB 19. BD 20. ABC
21. CD 22. CD 23. AD 24. BD 25. AC
26. ABC 27. AB 28. ABCD 29. ABC 30. BCD

三、判断题
1. × 2. √ 3. × 4. × 5. × 6. × 7. × 8. × 9. √ 10. ×
11. × 12. √ 13. × 14. √ 15. × 16. √ 17. √ 18. × 19. √ 20. ×

四、名词解释
会计账簿简称账簿，是以会计凭证为依据，全面、系统、序时、分类、连续地记录和反映各项经济业务的簿籍，它由具有一定格式，又互相联系的账页所组成。

日记账簿又称序时账簿，它是按经济业务发生和完成时间的先后顺序，逐日逐笔连续进行登记的账簿。

分类账是按照账户的分类对经济业务进行核算和监督的账簿。

备查账又称辅助账簿，是对某些不能在日记账和分类账中记录的经济事项或记录不全的经济业务进行补充登记的账簿。

总分类账简称总账，是根据总分类科目开设，用以记录全部经济业务总括核算资料的分类账簿。

明细分类账简称明细账，是根据总账科目设置，按其所属明细科目开设，用以记录某一类经济业务详细资料的分类账。

订本账是在账簿启用前，就把若干账页顺序编号并固定装订成册的账簿。

活页账是在启用前和使用过程中把账页置于活页账夹内，可以随时增添或取出账页的账簿。

卡片账是由专门格式、分散的卡片作为账页组成的账簿。

对账是指在会计期末将账簿记录进行核对的工作。

结账是把一定时期内所发生的经济业务全部登记入账的基础上，将各种账簿的记录结算清楚，以便根据账簿记录编制会计报表。

五、简答题
1. 账簿按其用途的不同，可分为序时账簿、分类账簿和备查账簿。序时账簿按其记录的内容不同，又分为普通日记账和特种日记账。分类账簿按其反映指标的详细程度划分，可分为总分类账簿和明细分类账簿。账簿按外表形式分类，可分为订本式账簿、活页式账簿、卡片式账簿。账簿按照格式分类，可分为三栏式明细账、数量金额式明细账和多栏式明细账。

2. 明细分类账主要有三种格式：三栏式、多栏式和数量金额式。

三栏式明细账适用于那些只需要进行金额核算而不需要进行数量核算的债权、债务结算科目，如"应收账款""应付账款"等只需进行金额核算的明细账。

数量金额式明细账适用于既要进行金额明细核算，又要进行数量明细核算的财产物资项目。如"原材料""库存商品"等账户的明细核算。

多栏式明细账适用于只记金额,不记数量,而且在管理上需要了解其构成内容的费用、收入、利润科目,如"管理费用""主营业务收入""本年利润"等科目。

3. 错账的查找方法包括个别检查法和全面检查法。个别检查法又分为差数法、倍数法、除九法三种。全面检查法分为顺差法和逆差法两种。

4. 错账更正方法包括划线更正法、红字更正法和补充登记法三种。

(1)划线更正法。

划线更正法适用于记账后发现账簿记录有错误,而其所依据的记账凭证没有错误,即纯属记账时文字或数字的笔误。

更正的方法:将错误的文字或数字划一条红色横线注销,但必须使原有字迹仍可辨认,然后,在划线的上方用蓝字或黑字将正确的文字或数字填写在同一行的上方位置,并由更正人员在更正处盖章,以明确责任。

(2)红字更正法。

适用于:①记账以后,发现记账凭证中的应借、应贷会计科目或记账方向有错误;②记账以后,发现记账凭证中应借、应贷的会计科目、记账方向都没有错误,只是所记金额大于应记的正确金额。

更正的方法:针对第①种错误,先用红字金额填制一张与原错误记账凭证内容完全相同的记账凭证,并据以用红字登记入账,冲销原有错误的账簿记录;然后,再用蓝字或黑字填制一张正确的记账凭证,据以用蓝字或黑字登记入账。

针对第②种错误,将多记的金额用红字填制一张与原错误记账凭证所记载的借贷方向,应借、应贷会计科目相同的记账凭证,并据以登记入账,以冲销多记金额,得到正确金额。

(3)补充登记法。

适用于记账以后,发现记账凭证中应借、应贷的会计科目和记账方向都没有错误,只是所记金额小于应记的正确金额,应采用补充登记法进行更正。

更正的方法:将少记的金额用蓝字或黑字填制一张与原错误记账凭证所记载的借贷方向、应借应贷会计科目相同的记账凭证,将少记的金额补充登记入账簿。

5. 启用订本式账簿,应填制以下内容:

(1)填写封面,填写单位名称和账簿名称。

(2)填写账簿启用表。

(3)填写账户目录,内容有:账户名称、各账户页数。

(4)贴印花税票。

对于未印制顺序号的账簿,应从第一页到最后一页顺序编定页数,不得跳页、缺号。使用活页式账页,应按账页顺序编号,并须定期装订成册。装订后再按实际使用的账页顺序编定页数,另加目录,记明每个账户的名称和页次。

6. 账簿登记一般应遵循下列原则:

(1)必须以审核无误的会计凭证为依据,要将凭证的种类编号、摘要、金额和其他有关资料逐项记入账页。记账后应在凭证上注明账簿页数或作"√"符号表示已登记入账。

(2)账簿中书写的文字和数字不要写满格,一般应占格长的1/2。

(3)必须用蓝色或黑色墨水书写,不得使用铅笔或圆珠笔,红色墨水笔在冲销错账等情况下使用。

保证账簿记录清晰耐久,便于以后查阅。

(4)应按账页行次顺序连续登记,不得跳行、隔页。如发生隔页跳行时,要将空页、空行用红线对角划掉,注明作废,并加盖记账人员名章。

(5)文字和数字要书写端正、清晰。如发生错误,要按规定的更正方法进行更正。

(6)分类账户如有余额应在"借或贷"栏内写明"借"或"贷"字样,并填写金额;无余额可用"平"表示,并在金额栏内写"0"字表示。

(7)在一张账页记账满时,应结出本页发生额合计数及结余额,写在本页最后一行和下页第一行内,并在"摘要"栏内注明"过次页"和"承前页"字样。

7. 对账的内容包括账证核对、账账核对、账实核对、账表核对。

对账的要求是账证相符、账账相符、账实相符和账表相符。

8. 结账应当注意以下事项：

(1)检查本期内发生的所有经济业务是否均已填制或取得了会计凭证,并据以登记入账。

(2)按照权责发生制原则,对有关应计的收入和费用进行调整。

(3)检查各种费用成本和收入成果是否均已与有关账户之间完成了结转。

(4)计算各账户的本期发生额及期末余额,对总分类账和明细分类账进行试算平衡。

(5)月度结账时,将本期发生额及期末余额的上、下端各划一条单红线。

年度结账时,在 12 月份结账记录的下一行填列全年 12 个月的发生额合计数,在"摘要"栏内注明"全年发生额及年末余额"字样,并在下面划两道红线。年度结账后将年末余额转入下年。

六、业务题

(一)

1. 采用划线更正法,应将 2 500 全部数用红线划去,在上方更正为 25 000,并加盖记账人员的章。

2. 采用补充登记法,填制一张记账凭证,补充少计金额,并据以记账,分录如下：

  借：短期借款   9 000
    贷：银行存款   9 000

3. 采用红字更正法,填制一张记账凭证,冲掉多计金额,并据以记账,分录如下：

  借：库存现金 49 500
    贷：银行存款 49 500

4. 采用红字更正法,需要填制两张记账凭证。

(1)先用红字金额填制一张记账凭证,冲去错误记录,并登记入账,分录如下：

  借：制造费用 15 000
    贷：原材料 15 000

(2)用蓝字填制一张正确的记账凭证,并登记入账,分录如下：

  借：生产成本   15 000
    贷：原材料   15 000

(二)

1. 3 日 付字第 1 号 提取现金   借：库存现金 2 600
                       贷：银行存款 2 600

2. 3 日 付字第 2 号 购买办公用品 借：管理费用   200
                       贷：库存现金   200

3. 3 日 付字第 3 号 李梅借差旅费 借：其他应收款 800
                       贷：库存现金   800

4. 6 日 付字第 4 号 偿还货款   借：应付账款 18 000
                       贷：银行存款 18 000

5. 9 日 付字第 5 号 支付广告费   借：销售费用 4 500

				贷:银行存款　　4 500
6.10 日		付字第 6 号	支付借款利息	借:财务费用　　　350
				贷:银行存款　　　350
7.15 日		转字第 1 号	李梅报销差旅费	借:管理费用　　　720
				贷:其他应收款　　720
15 日		收字第 1 号	李梅退回差旅费余款	借:库存现金　　　 80
				贷:其他应收款　　 80
8.收字第 2 号			借短期借款	借:银行存款　 90 000
				贷:短期借款　 90 000
9.付字第 7 号			交税	借:应交税费　　6 000
				贷:银行存款　　6 000
10.付字第 8 号			买材料	借:原材料　　 10 000
				应交税费　　1 700
				贷:银行存款　 11 700
11.付字第 9 号			支付罚款	借:营业外支出　　 50
				贷:库存现金　　　 50
12.19 日		收字第 3 号	某商场还货款	借:银行存款　 65 000
				贷:应收账款　 65 000
13.22 日		收字第 4 号	预收货款	借:银行存款　　9 600
				贷:银行存款　　9 600
14.25 日		付字第 9 号		借:预付账款　 43 000
				贷:银行存款　 43 000

现金日记账(三栏式)

20××年		凭证号数	摘要	对方科目	借方	贷方	余额
月	日						
1	1		期初余额				560
	3	付1	提取现金	银行存款	2 600		
	3	付2	购买办公用品	管理费用		200	
	3	付3	李梅借差旅费	其他应收款		800	2 160
	15	收1	李梅退回差旅费余款	其他应收款	80		2 240
	18	付9	支付罚款	营业外支出		50	2 190
1	31		本月合计		2 680	1 050	2 190

银行存款日记账(三栏式)

20××年		凭证号数	摘要	结算凭证		对方科目	收入	支出	余额
月	日			种类	号码				
1	1		期初余额						45 000
	3	付1	提取现金	略	略	银行存款		2 600	42 400
	6	付4	偿还货款			应付账款		18 000	24 400
	9	付5	支付广告费			销售费用		4 500	19 900
	10	付6	支付借款利息			财务费用		350	19 550
	15	收2	借短期借款			短期借款	90 000		
	15	付7	交税			应交税费		6 000	103 550
	16	付8	买材料			原材料	10 000		
						应交税费	1 700		115 250
	19	收3	某商场还货款			应收账款	65 000		180 250
	22	收4	预收货款			预收账款	9 600		189 850
	25	付9	预付货款			预付账款		43 000	146 850
1	31		本月合计				176 300	74 450	146 850

第9章

财产清查

 知识点概要

9.1 财产清查概述

1. 财产清查的概念

财产清查是指通过盘点、检查财产物资实物和核对账目等方式,来确定货币资金、财产物资和债权债务等的实有数额和实际价值,并同账面结存数额和账面价值进行对比,以确定账面与实际是否相符的一种专门会计方法。

财产清查的目的:在实际工作中,由于种种原因,会出现账实不符的情况。进行财产清查就是要通过实物的盘点和账面的核对,及时了解账实是否相符,及时发现差异,分析原因,以加强经济管理,并按照企业会计准则的规定,及时调整账目,以保证会计资料真实完整。

财产清查有助于加强和改善经营管理,保护财产的安全与完整,维护商业信用;有助于保证会计资料真实、完整;有助于挖掘各项财产物资。

财产清查既是加强财产物资管理的一项重要手段,也是会计核算工作的一项重要制度。

2. 财产清查的种类

(1)按照财产清查的对象和范围,分为全面清查和局部清查。

①全面清查是对会计主体的全部财产物资、货币资金和债权债务进行盘点和核对。其清查对象主要包括:

a. 现金、银行存款、其他货币资金,以及各种金融资产和长期股权投资。

b. 各种存货。包括库存存货、在途存货、加工中存货,以及各种委托加工物资、委托代销商品等。

c. 各种固定资产、在建工程。

d. 各种租赁财产、代保管物资。

e. 各项债权债务。

f. 各种无形资产等。

全面清查的特点是清查范围广,涉及内容多,涉及的部门和人员多,工作量大。全面清查一般每年进行一次。通常在以下几种情况下需要进行全面清查:

a. 年终决算之前。

b. 单位撤销或发生合并、分立等,改变隶属关系时。

c. 开展资产评估、清产核资等活动时。

d. 单位主要负责人调离工作时。

e. 与其他单位合资或联营时。

②局部清查是指根据经营管理的需要或有关规定,除年终清查外,对部分财产物资、债权债务进行盘点和核对。

局部清查的特点是清查范围小,仅涉及部分财产物资,涉及的部门和人员少,工作量小,但专业性较强。一般在以下几种情况下进行:

a. 每日营业终了时应对库存现金进行清查,做到日清月结。

b. 每月终了应对银行存款和银行借款进行核对。

c. 每月应对各种材料物资、在产品和产成品进行重点抽查。
d. 每月终了应对贵重财产物资进行清查。
e. 每年至少核对一至两次债权债务。
(2) 按照财产清查的时间,分为定期清查和不定期清查。

定期清查是指根据有关会计准则的规定,在特定时间所进行的财产清查。年终决算之前进行的全面财产清查和局部清查中的几种情况都属于定期清查。定期清查可以是全面清查,也可以是局部清查。定期清查一般在年末、季末或月末结账前进行。

不定期清查也称临时清查,是指根据经营活动的需要随时进行的财产清查。不定期清查可以是全面清查,也可以是局部清查。

财产清查是一项复杂、细致的工作,为确保清查结果的准确性,要建立、健全财产清查制度,还要做好必要的准备工作。财产清查的准备工作包括组织上的准备和业务上的准备。

3. 清查结果的处理

财产清查一般分为两个步骤:实物盘点和账目核对,记录清查结果。

对于清查中发现的账实不符的情况应查明原因,以明确经济责任,并进行账务处理。

9.2 存货的盘存制度

存货的盘存制度一般有两种:实地盘存制和永续盘存制。

1. 实地盘存制

实地盘存制是指平时在存货账簿中只登记存货的本期增加数,不登记减少数。期末,通过实地盘点,确定各种存货的结存数量,从而倒推出本期减少数的一种盘存制度。

$$本期减少数 = 期初账面余额 + 本期增加数 - 期末实际结存数$$

实地盘存制的特点:操作简单,工作量小。但是由于平时只登记增加数,不登记减少数,将期末通过盘点结果倒挤出的减少数全部作为发出成本,会导致企业的成本费用计算不准确,掩盖企业存货管理中存在的问题,不利于保护资产的安全、完整和加强财产物资的管理。适用范围较小,通常用于数量不稳定、容易发生损耗且难以控制的存货或者那些品种多、价值低、收发频繁的存货。

2. 永续盘存制

永续盘存制是指平时在存货账簿中既登记存货的本期增加数,又登记本期减少数。并随时结出账面余额的盘存制度,因此又称账面盘存制度。在这种盘存制度下,存货的本期减少数是根据会计凭证登记的,期末数是从账面结算下来的:

$$期末数(余额) = 期初账面余额 + 本期增加数 - 本期减少数$$

永续盘存制对存货的收发记录要求严格,企业通常可以采取会计、仓储同时设账进行登记的办法加强存货的管理和控制。

永续盘存制的特点:可以随时反映每种存货的收入、发出和结存方面的信息,从数量和金额两方面对存货进行管理和控制;可以及时发现存货的短缺或溢余,从而及时查明原因,并采取相应措施加强管理。缺点是工作量大,管理成本相对较高。

一般情况下企业大都采用永续盘存制。

9.3 财产清查的内容和方法

1. 实物财产的清查

实物财产是指具有实物形态的各种财产物资,主要包括存货和固定资产。

实物财产清查的内容:实物财产的实存数量与账面结存数量是否相符;实物财产的实际价值与账面价值是否相符。

实物财产清查的方法有:

(1)实地盘点法。实地盘点法又可以分为逐一盘点和抽样盘点两种方法。采用逐一盘点法确定的实物数量结果准确,并且能逐一观察财产物资的使用情况和质量,但工作量较大。一般适用于可以逐一点数或用度量衡器具准确计量的实物财产。抽样盘点法是从被清查财产的总体中随机抽取一部分,然后根据包装等情况确定清查对象总体的实物数量的一种方法。使用这种方法进行清查比较简便、省时省力,但所得出的实物财产数量可能会与实际数量之间有一定的误差,并且不能逐一观察财产物资的质量和使用情况。这种方法一般适用于包装好的原材料、库存商品等。

(2)技术推算法。技术推算法是对一些不宜或无法逐一点数计量的实物财产,通过一些数学方法运用一定的技术手段进行推算,从而确定其实物数量的方法。

(3)函证核对法。函证核对法是对委托外单位加工或保管物资以及发出展览、展销商品等,采用向对方单位发函调查,从而与本单位账面结存数额相核对的方法。这种方法尤其适用于债权债务的清查。

企业在确定实物财产实有数量的同时,还应当注意观察实物财产的质量和使用情况,注意是否有报废损失和积压、闲置物资,使用情况和完好程度如何,能否保证生产经营的需要,是否发生减值等。

盘点结束后,对实物财产的清查结果,一般通过填制"盘存单"和"实存账存对比表"的方式进行记录。盘存单是记录实物盘点结果的书面证明,也是反映实物财产实有数额的原始凭证。实存账存对比表是根据账面记录与盘存单编制的,是分析账实不符的原因和明确经济责任的依据,也是调整财产物资账面记录的依据。

2. 货币资金的清查

(1)库存现金。

对库存现金的清查主要采用实地盘点法。

库存现金的清查一般分为日常清查和专门清查两种。

日常清查是由出纳员于每日营业终了对库存现金进行盘点,并将盘点结果与现金日记账余额进行核对,即通常所说的日清月结中的日清,做到账实相符。

专门清查是由财产清查小组进行的现金清查,清查时出纳员必须在场。

库存现金清查结束后,应当编制"现金盘点报告表",并由盘点人和出纳员共同签名盖章以资证明。

(2)银行存款的清查。

银行存款的清查主要是采用与开户银行核对账目的方法来进行的。银行存款的清查方法,就是将银行对账单与企业的银行存款日记账逐笔核对。

核对的结果经常是不一致的,主要原因有两个:一是存在未达账项;二是企业或银行一方或双方出现记账错误。

未达账项是指由于企业和银行取得原始凭证的时间先后顺序不同,导致一方已经收到凭证并据以登记入账,而另一方因尚未收到有关凭证因而尚未登记入账的会计事项。

未达账项主要有以下四种类型:

企业已收,银行未收。

企业已付,银行未付。

银行已收,企业未收。

银行已付,企业未付。

对于银行存款清查中发现的未达账项,应编制"银行存款余额调节表",一方面对其进行记录,另一方面检查双方账簿记录的正确性。

银行存款余额调节表的编制方法就是在企业银行存款日记账和银行对账单现有余额的基础上,分左右两方,各自加减有关未达账项,然后调节计算确定调节后双方余额是否相等,从而确定双方账簿记录是否正确。

在不考虑错账的情况下,有如下等式:

企业银行存款日记账余额 + 银行已收企业未收 − 银行已付企业未付 = 银行对账单余额 + 企业已收银行未收 − 企业已付银行未付

如果调节后的存款余额相等,则基本上可以确定企业和银行的账务处理没有错误。反之,如果调节后的存款余额不等,则说明企业或银行一方或双方记账有错误,此时,应查明原因,单位错账应按规定的错账更正方法予以更正,如果经反复查找仍未发现记账错误,则应通知开户银行查找银行方面是否存在记账错误。

需注意:①银行存款余额调节表和银行对账单不能用来作为原始凭证据以调整企业银行存款日记账的账面余额。②企业实际可支配的银行存款金额是银行对账单上的余额,而不是企业银行存款日记账余额或调节后的银行存款余额,银行允许企业动用的存款数额是以银行对账单余额为准的。

3. 债权债务的清查

债权债务的清查一般采用询证核对的方法,通过向债务债权单位发出询证函(或称对账单)的方式,同对方单位核对账目,以确定有关债权债务是否存在、双方余额是否一致等问题。

债权债务清查的结果,可以通过编制"往来款项清查表"加以记录。往来款项清查表是根据询证函编制的,是分析账实不符的原因和明确经济责任的依据,也是调整往来款项账面记录的依据。

9.4 财产清查结果的处理

财产清查工作结束后,如果账实相符,则不必进行账务处理。

如果账实不符,包括发生了盘盈、盘亏或虽然账实相符,但实际结存的财产物资发生毁损或减值,或者有质量问题甚至发生报废等,不能正常使用,则应首先调整账存数,使账实相符。其次,根据查明的原因,对其所产生的损失或收益,按照规定报请有关部门批准后进行相应的会计处理。因此,财产清查结果的账务处理程序一般包括以下两步:

(1)将发现的账实差异调整账目,做到账实相符,同时将该差异所产生的损失或溢余挂账等待查清原因后处理。

(2)根据查明的原因,核销挂账的损失或溢余,确认损失或收益。

为恰当地核算和监督财产清查的过程和结果,企业需要设置"待处理财产损溢"账户。

"待处理财产损溢"账户用来核算企业在清查财产过程中查明的各种财产盘盈、盘亏和毁损的价值以及物资在运输途中发生的非正常短缺与损耗算。资产类的账户,又具有双重性质。借方登记各种材料、产成品、商品、生物资产、固定资产等的盘亏、毁损额和外购生产用材料物资已经抵扣的增值税进项税额,以及经批准确认的盘盈收益;贷方登记各种材料、产成品、商品、生物资产等的盘盈收益,以及经批准确认的盘亏、毁损损失。原材料采用计划成本核算的企业,还应同时登记应当结转的材料成本差异。期末本账户无余额。本账户可按盘盈、盘亏的资产种类和项目设置明细账,进行明细核算。

企业清查的各种财产物资的损溢,应于期末前查明原因,并根据企业的管理权限,经股东大会或董事会,或经理(厂长)会议或类似机构批准后,在期末结账前处理完毕。

债权债务清查结果的账务处理与现金和实物资产不同,一般其处理只有一步,即在发现时不做账务处理,只在经调查确定确实无法收回或偿还时,才对由此所产生的损失或收益经批准进行处理。因此,债权债务清查结果的账务处理不需要单独设置账户进行核算。

1. 现金、材料、产成品、商品、生物资产、固定资产清查结果的处理

(1)盘盈现金、材料、产成品、商品、生物资产等固定资产以外的其他资产。

批准前,调账,做到账实相符。

借:库存现金、原材料、库存商品等
　　贷:待处理财产损溢

批准后,按照审批意见处理。

借:待处理财产损溢
　　贷:管理费用

(2)固定资产的盘盈。

借:固定资产
　　贷:以前年度损益调整

(3)盘亏、毁损现金、材料、产成品、商品、生物资产等固定资产以外的其他资产批准前,调账,做到账实相符。

借:待处理财产损溢

贷：库存现金、原材料、库存商品等
      应交税费——应交增值税（进项税额转出）（不能抵扣的）
批准后，按照审批意见处理。
借：其他应收款　（保险赔偿或过失人赔偿）
　　营业外支出　（非常损失）
　　原材料　　　（收回的残料价值）
　　管理费用　　（定额内的损失等其他情况）
　　贷：待处理财产损溢
实际收到赔偿时：
借：银行存款
　　贷：其他应收款
（4）盘亏固定资产。
批准前，调账，做到账实相符。
借：待处理财产损溢
　　累计折旧
　　贷：固定资产
批准后，按照审批意见处理。
借：其他应收款　（保险赔偿或过失人赔偿）
　　营业外支出　（净损失）
　　贷：待处理财产损溢
2．债权债务清查结果的处理
（1）确实无法支付的应付账款。
借：应付账款
　　贷：营业外收入
（2）确实无法收回的应收账款。
借：坏账准备
　　贷：应收账款

自我训练

一、单项选择题

1．在会计实务工作中，企业一般以（　　）作为财产物资的盘存制度。
　　A．收付实现制　　　　　　　　B．权责发生制
　　C．永续盘存制　　　　　　　　D．实地盘存制
2．财产清查是用来检查（　　）的一种专门方法。
　　A．账实是否相符　　　　　　　B．账账是否相符
　　C．账表是否相符　　　　　　　D．账证是否相符
3．一般来说，在企业撤销、合并和改变隶属关系时，应对财产进行（　　）。
　　A．全面清查　　　　　　　　　B．局部清查
　　C．实地盘点　　　　　　　　　D．定期清查

4. 企业通过实地盘点法先确定期末存货的数量,然后倒挤出本期发出存货的数量,这种处理制度称为( )。
  A. 权责发生制   B. 收付实现制
  C. 账面盘存制   D. 实地盘存制

5. 现金出纳每天工作结束前都要将现金日记账与库存现金实存数核对,这属于( )。
  A. 账账核对   B. 账证核对
  C. 账实核对   D. 账表核对

6. 对于大量堆积的煤炭清查,一般采用( )方法进行清查。
  A. 实地盘点法   B. 抽查盘点法
  C. 技术推算法   D. 查询核对法

7. 下列记录可以作为调整账面数字的原始凭证的是( )。
  A. 盘存单   B. 实存账存对比表
  C. 银行存款余额调节表   D. 往来款项对账单

8. 库存现金清查的方法是( )。
  A. 核对账目法   B. 实地盘点法
  C. 技术推算法   D. 发函询证法

9. 下列内容中,采用与对方核对账目的方法清查的是( )。
  A. 库存现金   B. 原材料
  C. 往来款项   D. 固定资产

10. 在遭受洪灾后,企业对其受损的财产物资进行的清查属于( )。
  A. 局部清查和定期清查   B. 全面清查和定期清查
  C. 局部清查和不定期清查   D. 全面清查和不定期清查

11. 以下采用局部清查的有( )。
  A. 年终决算前进行的清查   B. 企业清产核资时进行的清查
  C. 企业更换财产保管人员时   D. 企业改组为股份制试点企业进行清查

12. 对财产清查结果进行正确账务处理的主要目的是保证( )。
  A. 账表相符   B. 账账相符
  C. 账实相符   D. 账证相符

13. 在财产清查中,实物盘点的结果应如实登记在( )中。
  A. 盘存单   B. 账存实存对比表
  C. 对账单   D. 盘盈盘亏报告表

14. 对各项财产物资的增减数都须根据有关凭证逐笔或逐日登记有关账簿并随时结出账面余额的方法称为( )。
  A. 永续盘存制   B. 实地盘存制
  C. 权责发生制   D. 收付实现制

15. 单位主要负责人调离岗位时,进行的财产清查属于( )。
  A. 全面清查和定期清查   B. 局部清查和不定期清查
  C. 全面清查和不定期清查   D. 局部清查和定期清查

16. "账存实存对比表"是一种( )。

A. 备查账簿 B. 记账凭证
C. 会计账簿 D. 原始凭证

17. 对于应收账款进行清查应采用的方法是( )。
   A. 技术推算法 B. 实地盘点法
   C. 询证核对法 D. 抽查法

18. 单位撤销、合并所进行的清查按时间分类,属于( )。
   A. 全面清查 B. 局部清查
   C. 定期清查 D. 不定期清查

19. 对银行存款进行清查时,应将( )与银行对账单逐笔核对。
   A. 银行存款总账 B. 银行存款日记账
   C. 银行支票备查簿 D. 库存现金日记账

20. 在企业与银行双方记账无误的情况下,银行存款日记账与银行对账单余额不一致是由于存在( )。
   A. 应收账款 B. 应付账款
   C. 未达账项 D. 其他货币资金

21. 库存现金清查盘点时,( )必须在场。
   A. 记账人员 B. 出纳人员
   C. 单位领导 D. 会计主管

22. 下列项目中采用实地盘点法的是( )。
   A. 应收账款 B. 应付账款
   C. 银行存款 D. 固定资产

23. 采用实地盘存制,平时账簿记录中不能反映( )。
   A. 财产物资的增加数 B. 财产物资的减少数
   C. 财产物资的增加数和减少数 D. 财产物资的盘盈数

24. 下列进行局部清查的是( )。
   A. 年终决算前 B. 单位撤销、合并
   C. 单位改制 D. 更换实物保管员

25. 对实物资产进行清查盘点时,( )必须在场。
   A. 实物保管员 B. 记账人员
   C. 会计主管 D. 单位领导

26. 库存现金盘点时发现短缺,则应借记( )。
   A. "库存现金"账户 B. "其他应付款"账户
   C. "待处理财产损溢"账户 D. "其他应收款"账户

27. 银行存款清查中发现的未达账项应编制( )。
   A. 对账单 B. 实存账存对比表
   C. 盘存单 D. 银行存款余额调节表

28. 库存现金清查中,对无法查明原因的长款,经批准应计入( )账户。
   A. 其他应收款 B. 其他应付款
   C. 营业外收入 D. 管理费用

29. 盘盈的固定资产,一般应记入( )账户。
    A. 本年利润　　　　　　　　B. 以前年度损益调整
    C. 营业外收入　　　　　　　D. 其他业务收入

30. 盘亏的固定资产净损失经批准后可记入( )账户的借方。
    A. 制造费用　　　　　　　　B. 生产成本
    C. 营业外支出　　　　　　　D. 管理费用

31. 对于因为自然损耗而盘亏的原材料,经批准后,会计人员应列作( )处理。
    A. 增加营业外收入　　　　　B. 增加管理费用
    C. 减少管理费用　　　　　　D. 增加营业外支出

32. 某企业发现盘亏1台设备,其账面原值为80 000元,已提折旧20 000元,则该企业记入"待处理财产损溢"账户的金额为( )元。
    A. 80 000　　　　　　　　　B. 20 000
    C. 60 000　　　　　　　　　D. 100 000

33. 月末银行存款日记账余额为170 000元,银行对账单余额为150 000元,经过调节后的余额为160 000元,则对账单日企业可以运用的银行存款实有数额为( )元。
    A. 180 000　　　　　　　　　B. 160 000
    C. 170 000　　　　　　　　　D. 不能确定

34. "待处理财产损溢"账户贷方登记( )。
    A. 等待处理的财产盘盈
    B. 等待处理的财产盘亏
    C. 尚待批准处理的财产盘盈数大于尚待批准处理的财产盘亏和毁损数的差额
    D. 尚待批准处理的财产盘盈数小于尚待批准处理的财产盘亏和毁损数的差额

35. 银行存款余额调节表中调节后的余额是( )。
    A. 银行存款账面余额　　　B. 对账单余额与日记账余额的平均数
    C. 银行方面的账面余额　　D. 对账日企业可以运用的银行存款实有数额

36. 某企业本期期末盘亏原材料属于自然损耗,经批准后,应编制的会计分录为( )。
    A. 借:待处理财产损溢　　　　B. 借:待处理财产损溢
        贷:原材料　　　　　　　　　贷:管理费用
    C. 借:管理费用　　　　　　　D. 借:营业外支出
        贷:待处理财产损溢　　　　　贷:待处理财产损溢

37. 银行存款日记账余额为56 000元,调整前有如下未达账项:(1)银行已收、企业未收的款项为2 000元;(2)企业已收、银行未收款项为1 200元;(3)银行已付、企业未付款项为3 000元;调整后存款余额为( )元。
    A. 56 200　　　　　　　　　B. 51 200
    C. 58 000　　　　　　　　　D. 55 000

38. 对企业与开户银行之间的未达账项,进行账务处理的时间是( )。
    A. 编好银行存款余额调节表时　　B. 查明未达账项时
    C. 收到银行对账单时　　　　　　D. 实际收到有关结算凭证时

39. 永续盘存制和实地盘存制相比,最主要优点是( )。

A. 有利于加强存货管理和保护财产安全
B. 有利于提高会计工作效率
C. 简化财产领用手续
D. 简化会计核算工作

40. 编制"银行存款余额调节表"时,应该从企业银行存款账面余额里减去( )。
A. 银行已收,企业未收　　　　　B. 银行已付,企业未付
C. 企业已收,银行未收　　　　　D. 企业已付,银行未付

二、多项选择题

1. 银行存款日记账余额与银行对账单余额不一致的原因可能是( )。
   A. 银行存款日记账有误　　　　B. 银行记账有误
   C. 存在未达账项　　　　　　　D. 存在未付款项

2. 现金出纳每天都要将库存现金日记账结清并与库存现金实存数核对,这属于( )。
   A. 定期清查　　　　　　　　　B. 不定期清查
   C. 全面清查　　　　　　　　　D. 局部清查

3. 下列( )情况下,企业应对其财产进行全面清查。
   A. 年终决算前　　　　　　　　B. 企业改变隶属关系前
   C. 更换仓库保管员　　　　　　D. 企业破产

4. 财产物资的盘存制度有( )。
   A. 权责发生制　　　　　　　　B. 收付实现制
   C. 实地盘存制　　　　　　　　D. 永续盘存制

5. 下列记录中可以作为调整账面数字的原始凭证是( )。
   A. 盘存单　　　　　　　　　　B. 账存实存对比表
   C. 银行存款余额调节表　　　　D. 库存现金盘点报告表

6. 对于盘亏、毁损的存货,经批准后进行账务处理时,可能记入( )账户的借方。
   A. 其他应收款　　　　　　　　B. 营业外支出
   C. 管理费用　　　　　　　　　D. 原材料

7. 下列可以采用发函询证方法进行清查的是( )。
   A. 应收账款　　　　　　　　　B. 应付账款
   C. 存货　　　　　　　　　　　D. 预付账款

8. 仓库保管员变动时对其保管的全部存货进行盘点属于( )。
   A. 定期清查　　　　　　　　　B. 不定期清查
   C. 全面清查　　　　　　　　　D. 局部清查

9. 以下可以采用实地盘点法进行清查的是( )。
   A. 库存现金　　　　　　　　　B. 原材料
   C. 银行存款　　　　　　　　　D. 固定资产

10. 以下情况中需要对财产物资进行不定期的局部清查的是( )。
    A. 库存现金、财产物资保管人员更换时
    B. 企业改变隶属关系时
    C. 发生非常灾害造成财产物资损失时

D. 企业进行清产核资时

11. 下列业务中需要通过"待处理财产损溢"账户核算的是( )。
    A. 库存现金丢失   B. 原材料盘亏
    C. 发现账外固定资产   D. 应收账款无法收回

12. 可能与"待处理财产损溢"账户借方发生对应关系的账户有( )。
    A. 原材料   B. 固定资产
    C. 应收账款   D. 营业外收入

13. 使企业银行存款日记账的余额小于银行对账单余额的未达账项有( )。
    A. 企业已收款记账而银行尚未收款记账
    B. 企业已付款记账而银行尚未付款记账
    C. 银行已收款记账而企业尚未收款记账
    D. 银行已付款记账而企业尚未付款记账

14. 财产清查按清查的时间可分为( )。
    A. 定期清查   B. 不定期清查
    C. 全面清查   D. 局部清查

15. 财产清查按清查的对象和范围可分为( )。
    A. 定期清查   B. 不定期清查
    C. 全面清查   D. 局部清查

16. "待处理财产损溢"账户借方登记的是( )。
    A. 等待批准处理的财产盘亏、毁损
    B. 等待批准处理的财产盘盈
    C. 经批准转销的财产盘亏、毁损
    D. 经批准转销的财产盘盈

17. 以下情况中可能造成账实不符的有( )。
    A. 财产收发计量不准   B. 管理不善
    C. 存在未达账项   D. 账簿记录错误

18. 固定资产盘亏的业务涉及的账户有( )。
    A. 营业外收入   B. 待处理财产损溢
    C. 累计折旧   D. 其他应付款

19. 以下需要对财产进行不定期清查的是( )。
    A. 发现库存现金被盗   B. 与其他企业合并
    C. 年终决算时   D. 自然灾害造成财产损失

20. 关于银行存款余额调节表,下列说法正确的是( )。
    A. 调节后的余额表示企业可以实际动用的银行存款数额
    B. 该表是通知银行更正错误的依据
    C. 该表是更正本单位银行存款日记账记录的依据
    D. 不能够作为调整本单位银行存款日记账记录的原始凭证

21. 常用的实物资产的清查方法包括( )。
    A. 技术推算法   B. 实地盘点法

C. 函证核对法 D. 账目核对法

22. 单位年终决算时进行的清查属于( )。
    A. 全面清查 B. 局部清查
    C. 定期清查 D. 不定期清查

23. 当实物资产( )时可以采用技术推算法进行清查。
    A. 数量大 B. 逐一清点有困难
    C. 不便于用计量器具计量 D. 体积大

24. 使企业银行存款日记账的余额大于银行对账单余额的未达账项有( )。
    A. 企业已收款记账而银行尚未收款记账
    B. 企业已付款记账而银行尚未付款记账
    C. 银行已收款记账而企业尚未收款记账
    D. 银行已付款记账而企业尚未付款记账

25. 企业调整银行存款余额调节表中银行对账单余额时,应考虑的未达账项有( )。
    A. 企业已收银行未收 B. 银行已收企业未收
    C. 银行已付企业未付 D. 企业已付银行未付

26. 以下属于账实核对的是( )。
    A. 现金日记账账面余额与库存现金数额核对
    B. 银行存款日记账账面余额与银行对账单的余额核对
    C. 总账与明细账之间的核对
    D. 总分类账簿与序时账簿核对

27. 财产清查的主要内容包括( )。
    A. 货币资金 B. 实物资产
    C. 实收资本 D. 债权债务

28. 既属于不定期清查,又属于全面清查的有( )。
    A. 更换仓库保管员,对其保管的财产物资进行清查
    B. 更换出纳人员,对有关财产物资的清查
    C. 开展清产核资时,对本单位财产物资进行的清查
    D. 单位撤销合并或改变隶属关系时所进行的财产物资清查

29. "待处理财产损溢"账户用来核算( )。
    A. 财产清查过程中查明的各种财产盘盈、盘亏和毁损的价值
    B. 物资在运输途中发生的非正常短缺与损耗
    C. 固定资产的盘盈
    D. 无法收回或偿还的债权债务所产生的损失或收益

30. 以下关于财产清查的说法正确的是( )。
    A. 财产清查是对账工作中的证实核对
    B. 财产清查是发挥会计监督职能的一种必要手段
    C. 通过财产清查可以了解账实是否相符
    D. 定期清查是在月末、季末、年末结账前进行的

三、判断题
1. 从财产清查的对象和范围看全面清查只有在年终进行。（　）
2. 技术推算法是指利用技术方法推算财产物资账存数的方法。（　）
3. 先确定期末库存存货成本,后确定本期发出存货成本的方法称为实地盘存制。（　）
4. 定期财产清查一般在结账以后进行。（　）
5. 单位撤销、合并或改变隶属关系、更换财产物资保管人员时,需进行全面清查。（　）
6. 财产清查中,对于银行存款、各种往来款项至少每月与银行或有关单位核对一次。（　）
7. 永续盘存制与实地盘存制都是确定各项实物资产账面结存数量的方法。（　）
8. 对应付账款应采用询证核对法进行清查。（　）
9. 采用永续盘存制度,对财产物资也必须进行定期或不定期的清查盘点。（　）
10. 财产清查是对账工作中的证实核对。（　）
11. 库存现金清查包括出纳人员每日终了前进行的库存现金账款核对和清查小组进行的定期或不定期的现金盘点、核对。（　）
12. 不定期清查可以是全面清查,也可以是局部清查。（　）
13. 永续盘存制下,在期末必须对存货进行实地盘点,以确定本期发出存货成本。（　）
14. 无论采用哪种盘存制度,都应对财产物资进行定期或不定期的清查盘点,但是清查的目的是不同的。（　）
15. 对银行存款进行清查时,如果存在账实不符现象,肯定是由未达账项引起的。（　）
16. 盘点实物时,发现账面数大于实存数,即为盘盈。（　）
17. 账实不符是由于财产管理不善或会计人员水平不高造成的。（　）
18. 未达账项是指企业未收到凭证而未入账的款项。（　）
19. 对在银行存款清查时出现的未达账项,可编制银行存款余额调节表来调整,该表是调节账面余额的原始凭证。（　）
20. 盘盈的固定资产计入待处理财产损溢。（　）
21. 出纳人员因工作调动办理移交时所进行的货币资金清查,从清查时间上看属于定期清查。（　）
22. 对仓库中的所有存货进行盘点属于全面清查。（　）
23. 对大堆的比较笨重的实物资产进行盘点时,可以采用技术推算法确定其实存数。（　）
24. 永续盘存制下,可以通过存货明细账的记录随时结出存货的结存数量,故不需要对存货进行盘点。（　）
25. 实物盘点后,填制"实存账存对比表",此表是调整账面余额记录的原始依据。（　）
26. 实地盘存制平时只登记企业各项财产物资的增加数,不登记减少数。（　）
27. 存货盘亏、毁损的净损失一律计入"管理费用"科目。（　）
28. 经批准转销固定资产盘亏净损失时,账务处理应借记"营业外支出"账户,贷记"固定资产清理"账户。（　）
29. 往来款项清查时,一般采取给对方单位邮寄对账单的方式进行,因此属于账账核对。（　）

30. 企业的银行存款日记账与银行对账单所记的内容是相同的,都是反映企业的银行存款的增减变动情况。（　　）

四、名词解释

财产清查　全面清查　局部清查　定期清查　不定期清查　永续盘存制　实地盘存制　实地盘点法　技术推算法　函证核对法　未达账项

五、简答题

1. 财产清查有哪些种类?
2. 财产清查的范围包括哪些内容?
3. 账实不符的原因主要包括哪几个方面?
4. 存货的盘存制度有哪些? 各自有何特点?
5. 永续盘存制与实地盘存制有什么区别? 各适用于哪些情况?
6. 与银行对账单核对过程中,未达账项有几种情况?
7. 怎样清查银行存款? 出现未达账项应如何进行调整?
8. 如何进行现金的清查?
9. 如何进行财产实物的清查?
10. 如何进行债权债务清查?

六、业务题

（一）【目的】练习银行存款余额调节表的编制。

【资料】M 公司 20××年 9 月 30 日银行存款日记账余额为 100 000 元,开户银行的对账单余额为 126 600 元,经查对有如下未达账项:

1. 企业收到外单位转账支票一张,金额 20 000 元,企业已入账,银行未入账。
2. 委托银行交水费 5 000 元,银行已入账,企业尚未收到付款通知,未入账。
3. 企业开出转账支票一张,金额 1 600 元,企业已入账,银行未入账。
4. 委托银行收货款 50 000 元,银行已入账,企业尚未收到收款通知,未入账。

【要求】根据上述资料,编制 M 公司 20××年 9 月 30 日银行存款余额调节表。

银行存款余额调节表

项目	金额	项目	金额
银行存款日记账余额		银行对账单余额	
加:		加:	
减:		减:	
调节后的余额		调节后的余额	

（二）【目的】练习财产清查结果的账务处理。

【资料】M 公司 20××年 12 月 31 日财产清查有关资料如下:

1. 财产清查中盘盈 B 材料 200 千克,该同类材料的市场价格为 10 元/千克。
2. 通过实地盘点,确定 A 材料的实际库存数量为 19 800 千克,期末账面结存数量为 20 000 千克,确定短缺 200 千克。A 材料的实际单位成本为 50 元。M 公司为增值税一般纳税人,增值税税率 17%。
3. 财产清查中盘亏 D 机器一台,账面原始价值为 5 000 元,已提折旧 2 000 元。
4. 盘盈设备一台,同类设备市场价格为每台 100 000 元,估计折旧额 40 000 元。

5. 上述盘盈 B 材料查明原因,确定是由于收发计量造成的。

6. 经过审查,盘亏的 A 材料中,属于定额内的自然损耗为 20 千克;属于管理员王某管理不善造成存货短缺 80 千克,由王某全额赔偿;属于自然灾害造成存货损失 100 千克。

7. 盘亏的 D 机器经查明是由于企业财产管理制度不严所造成的,在报经批准后同意处理。

参考答案

一、单项选择题

1. C 2. A 3. A 4. D 5. C 6. C 7. B 8. B 9. C 10. C
11. C 12. C 13. A 14. A 15. C 16. D 17. C 18. A 19. B 20. C
21. B 22. D 23. B 24. D 25. A 26. C 27. D 28. D 29. B 30. C
31. B 32. C 33. B 34. A 35. D 36. C 37. D 38. D 39. A 40. B

二、多项选择题

1. ABC 2. AD 3. ABD 4. CD 5. BD 6. ABCD 7. ABD 8. BD 9. ABD
10. AC 11. AB 12. AB 13. BC 14. AB 15. CD 16. AD 17. ABCD 18. BC
19. ABD 20. AD 21. AB 22. AC 23. ABCD 24. AD 25. AD 26. AB 27. ABD
28. CD 29. AB 30. ABCD

三、判断题

1. × 2. × 3. √ 4. × 5. × 6. × 7. √ 8. √ 9. √ 10. √
11. √ 12. √ 13. × 14. √ 15. √ 16. √ 17. √ 18. √ 19. √ 20. ×
21. × 22. × 23. √ 24. × 25. √ 26. √ 27. × 28. × 29. × 30. √

四、名词解释

　　财产清查是通过盘点、检查财产物资实物和核对账目等方式,来确定货币资金、财产物资和债权债务等的实有数额和实际价值,并同账面结存数额和账面价值进行对比,查明账面与实际是否相符的一种专门会计方法。

　　全面清查是指对会计主体的全部财产物资、货币资金和债权债务进行盘点和核对。

　　局部清查是指根据经营管理的需要或有关规定,除年终清查外,对部分财产物资、债权债务进行盘点和核对。

　　定期清查是指根据有关会计准则的规定,在特定时间所进行的财产清查。

　　不定期清查也称临时清查,是指根据经营活动的需要随时进行的财产清查。

　　永续盘存制是指平时在存货账簿中既登记存货的本期增加数,又登记本期减少数,并随时结出账面余额的盘存制度。

　　实地盘存制是指平时在存货账簿中只登记存货的本期增加数,不登记减少数,期末通过实地盘点,确定各种存货的结存数量,从而倒推出本期减少数的一种盘存制度。

　　实地盘点法是通过对所清查的实物资产进行逐一清点、过秤或随机抽取盘点等以确定实物数量的方法。分为逐一盘点和抽样盘点两种方法。

　　技术推算法是对一些不宜或无法逐一点数计量的实物财产,通过一些数学方法运用一定的技术手段进行推算,从而确定其实物数量的方法。

　　函证核对法是对委托外单位加工或保管物资以及发出展览、展销商品等,采用向对方单位发函调查,从而与本单位账面结存数额相核对的方法。

　　未达账项是指由于企业和银行取得原始凭证的时间先后顺序不同,导致一方已经收到凭证并据以登记入账,而另一方因尚未收到有关凭证因尚未登记入账的会计事项。

五、简答题

　　1. 财产清查按照财产清查的对象和范围,分为全面清查和局部清查。按照财产清查的时间,分为定期清查和不定期清查。

　　2. 财产清查范围是指全面清查的范围,局部清查的范围应当根据需要确定。财产清查的范围包括:货币资金、各种金融资产、各种存货、各种固定资产、在建工程、由其他单位代为保管的物资和代其他单位保管的物资、各种租赁物资、各种债权债务、其他应当进行清查的财产物资。

3.(1)各种财产物资在收发保管过程中,因自然因素或其他条件的影响而产生的损耗或收发计量的差错。

(2)在债权债务的结算过程中,因有关凭证传递顺序的先后或拒绝付款等原因而导致账账不符。

(3)自然灾害如水灾、火灾、飓风、海啸、地震等造成的损失。

(4)财产物资的价值因技术进步或可收回性等其他原因而发生减损。

(5)会计凭证或账簿中的漏记、重记或错记。

(6)管理不善或工作人员的失职。

(7)贪污、盗窃、营私舞弊等行为的存在,等等。

4. 存货的盘存制度包括实地盘存制和永续盘存制。

实地盘存制的特点:操作简单,工作量小。但是由于平时只登记增加数,不登记减少数,将期末通过盘点结果倒挤出的减少数全部作为发出成本,可能将一些非正常耗用虚增到成本费用中,会导致企业的成本费用计算不准确,掩盖企业存货管理中存在的问题,不利于保护资产的安全、完整和加强财产物资的管理。

永续盘存制的特点:可以随时反映每种存货的收入、发出和结存方面的信息,从数量和金额两方面对存货进行管理和控制;可以及时发现存货的短缺或溢余,从而及时查明原因,并采取相应措施加强管理。但是工作量大,管理成本相对较高。

5. 区别:

(1)登记减少数的时间和依据不同。

(2)盘点的目的不同。

适用范围:企业大都采用永续盘存制。实地盘存制适用范围较小,通常用于数量不稳定、容易发生损耗且难以控制的存货或者品种多、价值低、收发频繁的存货,制造业企业一般很少采用这种方法。

6. 未达账项主要有以下四种类型:

(1)企业已经收到有关收款凭证并登记入账,而银行尚未收到有关收款凭证,因而尚未登记入账的经济业务。

(2)企业已经收到有关付款凭证并登记入账,而银行尚未收到有关付款凭证,因而尚未登记入账的经济业务。

(3)银行已经收到有关收款凭证并登记入账,而企业尚未收到有关收款凭证,因而尚未登记入账的经济业务。

(4)银行已经收到有关付款凭证并登记入账,而企业尚未收到有关付款凭证,因而尚未登记入账的经济业务。

7. 银行存款的清查主要是采用与开户银行核对账目的方法来进行的。银行定期地编制"银行对账单"供企业核对。因此,银行存款的清查方法,就是将银行对账单与企业的银行存款日记账逐笔核对。如果核对结果不一致,主要原因有两个:一是存在未达账项;二是企业或银行一方或双方出现记账错误。对于发现的未达账项,应编制"银行存款余额调节表",其编制方法是在企业银行存款日记账和银行对账单现有余额的基础上,各自加减有关未达账项,然后调节计算确定调节后双方余额是否相等,从而确定双方账簿记录是否正确。

8. 对库存现金的清查主要采用实地盘点法。

库存现金的清查一般分为日常清查和专门清查两种。日常清查是由出纳员于每日营业终了对库存现金进行盘点,并将盘点结果与现金日记账余额进行核对,做到账实相符。日常清查的结果在账实相符的情况下,一般不必做出记录。

专门清查是由财产清查小组进行的现金清查,清查时出纳员必须在场。在清查库存现金实有数额的同时,还要注意有无白条抵库现象和挪用现金的情况,以及是否设有账外小金库等。盘点的时间最好选择在上班前或下班后,以免影响营业活动的进行和盘点结果的准确性。

库存现金清查结束后,应当编制"现金盘点报告表",并由盘点人员和出纳员共同签名盖章以资证明。

9. 实物财产的清查应当核实两方面的内容:一是实物财产的实存数量与账面结存数量是否相符,二是实物财产的实际价值与账面价值是否相符。

实物财产清查的方法主要是指核实实物财产数量的方法。常用的方法主要包括实地盘点和技术推算两种。

对于可以通过点数或过秤等确定实物数量的房屋、建筑物、机器设备、原材料、库存商品等采用实地盘点法。

对于一些不宜或无法逐一点数计量的如煤、铁、矿石等堆存量大或质量、体积较大的实物财产,可以采用技术推算法确定其实物数量。

对委托外单位加工或保管物资以及发出展览、展销商品等,采用向对方单位发函调查,从而与本单位账面结存数额相核对的方法。

实物清查时,一方面要确定实物财产实有数量,同时还应当注意观察实物财产的质量和使用情况,注意是否有报废损失和积压、闲置物资,使用情况和完好程度如何,能否保证生产经营的需要,是否发生减值等。

盘点时,实物财产的保管人员和使用人员必须在场;注意不要遗漏或重点,必须将临时租赁的财产物资和代其他单位保管的物资同本企业的财产物资区别开来。盘点结束后,将清查结果填制在"盘存单"和"实存账存对比表"中,相关人员应当在盘存单和实存账存对比表上签名,以明确经济责任。

10. 对于借款以及往来结算款项等债权债务的清查,一般采用询证核对的方法。即通过向债务债权单位发出询证函(或称对账单)的方式,同对方单位核对账目,以确定有关债权债务是否存在、双方余额是否一致等问题。询证函通常一式两份,如双方核对相符,由对方单位在回单上注明经核对无误字样并加盖公章后退回;如果经核对不符,则由对方单位在回单上注明情况,或另抄对账单退回本单位。对于债权债务核对不符的,应进一步查明原因,再行核对,直至相符为止。对于发现的记账错误,应按规定方法更正;对于未达账项,双方都应采用调节法核对账面余额是否相符。

六、业务题

(一)

银行存款余额调节表

项目	金额	项目	金额
银行存款日记账余额	100 000	银行对账单余额	126 600
加:	50 000	加:	20 000
减:	5 000	减:	1 600
调节后的余额	145 000	调节后的余额	145 000

(二)

1. 借:原材料　　　　　　　　　　　　2 000
　　贷:待处理财产损溢——待处理流动资产损溢
　　　　　　　　　　　　　　　　　　2 000

2. 借:待处理财产损溢——待处理流动资产损溢
　　　　　　　　　　　　　　　　　　11 700
　　贷:原材料　　　　　　　　　　　10 000

　　　　　应交税费——应交增值税(进项税额转出)
　　　　　　　　　　　　　　　　　　　1 700
3. 借:待处理财产损溢——待处理固定资产损溢
　　　　　　　　　　　　　　　　　　　3 000
　　　累计折旧　　　　　　　　　　　　2 000
　　　贷:固定资产　　　　　　　　　　　5 000
4. 借:固定资产　　　　　　　　　　　　60 000
　　　贷:以前年度损益调整　　　　　　　60 000
5. 借:待处理财产损溢——待处理流动资产损溢
　　　　　　　　　　　　　　　　　　　2 000
　　　贷:管理费用　　　　　　　　　　　2 000
6. 借:管理费用　　　　　　　　　　　　1 170
　　　其他应收款——王某　　　　　　　4 680
　　　营业外支出　　　　　　　　　　　5 850
　　　贷:待处理财产损溢——待处理流动资产损溢
　　　　　　　　　　　　　　　　　　　11 700
7. 借:营业外支出　　　　　　　　　　　3 000
　　　贷:待处理财产损溢——待处理固定资产损溢
　　　　　　　　　　　　　　　　　　　3 000

第10章

财务报表

 知识点概要

10.1 财务报表概述

1. 财务报表

财务报表是对企业财务状况、经营成果和现金流量的结构性表述。财务报表是企业会计工作的最终成果。财务报表是企业对外提供会计信息的主要途径,是对企业一定时期经济活动的过程与结果的高度概括和综合。

编制财务报表作为企业会计核算的一种专门方法,其目的就是将企业一定时期的经济活动对其财务状况、经营成果、现金流量所产生的影响进行概括与总结,从而向有关方面提供与决策相关的信息。同时通过会计信息使用者对会计信息的分析利用,使有限的资源能够充分有效地利用,促进社会资源的合理配置,为公众利益服务。

按照企业会计准则的规定,财务报表至少应当包括:资产负债表、利润表、现金流量表、所有者权益(或股东权益)变动表及附注。

编制财务报表是为了满足投资人、债权人、政府职能部门、社会公众对会计信息的需求。

2. 财务报表的种类

不同性质的会计主体,其财务报表的种类也不尽相同。企业财务报表按不同标志分类如下:

(1)按照财务报表所反映的内容分类,可以分为静态财务报表和动态财务报表。静态财务报表是指综合反映企业一定时点的资产、负债、所有者权益的财务报表,如资产负债表。动态财务报表是指反映企业一定时期内资金耗费和收回的报表,如利润表和现金流量表。

(2)按照财务报表的报送对象分类,可以分为对外财务报表和对内财务报表。对外财务报表是指向企业外部有关方面提供的,可以供各类会计信息使用者共同使用的通用财务报表,包括资产负债表、利润表、现金流量表、所有者权益(或股东权益)变动表及附注。对内财务报表是指企业根据自身管理的需要自行确定编制的,为企业经营管理服务,供企业内部使用的财务报表,如管理费用明细表等。

(3)按照财务报表的报送时间分类,可以分为中期财务报表和年度财务报表。中期财务报表是指以中期为基础编制的财务报表,包括月度财务报表、季度财务报表、半年度财务报表和任何一个短于一个完整会计年度的期间的财务报表。中期财务报表的内容至少应当包括资产负债表、利润表、现金流量表及附注,报表应当是完整的,与上年度的年报格式和内容一致。年度财务报表则是反映一个完整会计年度财务状况、经营成果和现金流量等信息的财务报表。

(4)按照财务报表的编制基础分类,可以分为个别财务报表、汇总财务报表、分部报表和合并财务报表。个别财务报表是根据账簿等日常会计核算资料加工后编制的,反映一个独立法人财务状况、经营成果和现金流量情况的财务报表。汇总财务报表是由企业上级主管部门根据所属基层单位报送的财务报表及本单位财务报表简单汇总后编制的财务报表,反映某个部门或地区、行业的财务状况和经营成果。分部报表是指企业存在多种经营或跨地区经营的,在会计核算资料基础上,以所经营的业务种类和所在经营地区为单位编制的反映分部资产、负债、收入、费用、利润等会计信息的财务报表。合并财务报表是指由母公司在母公司和子公司个别财务报表的基础上,对企业集团内部交易进行抵销后编制的反映母公司和其全部子公司形成的企业集团整体财务状况、经营成果和现金流量的财务报表。

3. 财务报表的编制要求

财务报表的编制应当符合真实可靠、相关可比、全面完整、便于理解、编报及时的要求。

10.2 资产负债表

1. 资产负债表及其理论基础

资产负债表是反映企业在某一特定日期的财务状况的财务报表。

资产负债表是以"资产=负债+所有者权益"这一会计等式为理论依据,按照一定的分类标准和一定的顺序,把企业一定日期的资产、负债和所有者权益予以适当排列,按照会计准则的规定编制而成的。

资产负债表能够反映资产、负债和所有者权益的全貌,可以帮助财务报表使用者了解企业所拥有或控制的资源的总量,以及这些资源的分布与结构,帮助财务报表使用者分析企业的生产经营能力;能够反映企业资金的来源构成,从而分析企业未来需要用多少资产或劳务清偿债务,了解投资者在企业资产中所享有的份额,帮助财务报表使用者分析企业的财务风险和权益保障程度;通过资产负债的对比分析,可以了解企业的偿债能力和支付能力,分析企业未来财务状况的变动趋势。

2. 资产负债表的内容与结构

资产负债表的内容分为资产和权益两部分,其中权益部分包括负债和所有者权益。资产分为流动资产和非流动资产,按照其流动性由强到弱分类列示。负债分为流动负债和非流动负债,按照其偿还期限由短到长分类列示。所有者权益应当按照其永久性递减的顺序排列。

资产负债表的结构由表首和正表构成。其中,表首概括地说明报表名称、编制单位、编制日期、报表编号、货币名称等。正表是资产负债表的主体,列示说明企业财务状况的各个项目。

资产负债表的格式一般有账户式和报告式两种。我国企业的资产负债表采用账户式。

3. 资产负债表的编制方法

资产负债表各项目的有关数据应当按照本期总分类账户以及明细分类账户的期末余额直接填列、汇总填列、分析处理后填列。

(1)"年初余额"栏内的数字,应根据上年末资产负债表"期末数"栏内所列数字填列。

(2)"期末余额"栏内的数字,应根据以下方法填列。

根据总账的期末余额直接填列。主要包括:应收股利、应收利息、其他流动资产、固定资产清理、短期借款、应付票据、应付职工薪酬、应交税费、应付利息、应付股利、其他应付款、实收资本(或股本)、资本公积、盈余公积等。

根据明细账户的期末余额计算填列。主要包括:一年内到期的非流动资产、应付账款、预收账款、一年内到期的非流动负债、未分配利润等。

根据若干总账账户期末余额计算填列。主要包括：货币资金、存货、固定资产、无形资产等。

根据总账账户和明细账户期末余额分析计算填列。主要包括：应收票据、应收账款、预付账款、其他应收款、持有至到期投资、长期借款、应付债券、长期应付款、其他非流动负债等。

10.3 利润表

1. 利润表及其理论依据

利润表是反映企业在一定会计期间经营成果的财务报表。

利润表是以"收入-费用=利润"为理论依据，将企业在一定时期内所有的收入和利得与所有的费用与损失进行比较，据以计算该期间的净利润（或净亏损）。

利润表能够反映企业生产经营的收益和成本耗费情况，表明企业的生产经营成果；能够提供企业不同时期的比较数字，可以帮助财务报表使用者分析企业未来的利润发展趋势和获利能力，了解投资人投入资本的完整性；能够帮助财务报表使用者分析企业利润增减变动的原因，有助于发现企业经营管理中存在的漏洞和弊端。

2. 利润表的内容与结构

利润表的结构一般包括表首、正表两部分。其中，表首概括地说明报表名称、编制单位、编制日期、报表编号、货币名称、计量单位等。正表是利润表的主体，反映形成经营成果的各个项目和计算过程。

正表的格式一般有单步式和多步式两种。我国采用多步式。

在该表中，净利润的计算是被分解为若干个计算步骤，分步计算确定净利润。通常是将净利润的计算分解为营业利润、利润总额和净利润三个步骤来进行。

3. 利润表的编制方法

"本期金额"栏反映各项目的本期（月、季、年等）实际发生数。"上期金额"栏在编制中期和年度利润表时，应改为"上年数"，填列上年中期或全年累计实际发生数。

利润表是根据损益类账户的本期发生额或净额编制的。其中，收入和利得类项目根据该账户的贷方发生额（净额）填列，费用和损失类项目根据该账户的借方发生额（净额）填列。其具体编制方法如下：

根据有关损益类总账账户的本期发生额或净额填列，包括：营业税金及附加、销售费用、管理费用、财务费用、资产减值损失、公允价值变动收益、投资收益、营业外收入、营业外支出和所得税费用。

根据两个有关损益类总账账户的本期发生额或净额相加后的和填列。包括：营业收入和营业成本。

根据有关损益类账户的明细账户本期发生额（净额）填列。包括：对联营企业和合营企业的投资收益、非流动资产处置损失。

根据利润表中有关项目金额计算填列。包括：营业利润、利润总额、净利润。

根据有关利润表和资产负债表有关项目的数据计算填列。包括：基本每股收益、稀释每股收益。

自我训练

一、单项选择题

1. 反映企业在某一特定日期的财务状况的会计报表是（　　）。
   A. 资产负债表　　　　　　　　B. 利润表
   C. 所有者权益变动表　　　　　D. 现金流量表

2. 按照我国的会计准则，资产负债表采用的格式为（　　）。
   A. 单步报告式　　　　　　　　B. 多步报告式
   C. 账户式　　　　　　　　　　D. 混合式

3. 资产负债表中的资产项目是按照（　　）排列的。
   A. 清偿时间的先后顺序　　　　B. 会计人员的填写习惯
   C. 金额大小　　　　　　　　　D. 流动性大小

4. 资产负债表是依据（　　）会计等式编制的。
   A. 收入－费用＝利润　　　　　B. 现金流入－现金流出＝现金净流量
   C. 资产＝负债＋所有者权益＋收入－费用　D. 资产＝负债＋所有者权益

5. 关于资产负债表的格式说法不正确的是（　　）。
   A. 资产负债表主要有账户式和报告式
   B. 我国的资产负债表采用报告式
   C. 账户式资产负债表左方为资产，右方为负债和所有者权益
   D. 资产项目按照流动性排列

6. 企业财务报告所提供的信息应具有时效性，因此编制财务会计报告应符合（　　）的要求。
   A. 真实可靠　　　　　　　　　B. 相关可比
   C. 全面完整　　　　　　　　　D. 编报及时

7. 以下（　　）不属于定期向外部信息使用者提供的会计报表。
   A. 资产负债表　　　　　　　　B. 管理费用明细表
   C. 所有者权益变动表　　　　　D. 现金流量表

8. 以下属于静态财务报表的是（　　）。
   A. 利润表　　　　　　　　　　B. 资产负债表
   C. 所有者权益变动表　　　　　D. 现金流量表

9. 资产负债表各项目应根据有关账户的（　　）填列。
   A. 发生额　　　　　　　　　　B. 期初余额
   C. 期末余额　　　　　　　　　D. 发生额及期末余额

10. 资产负债表中（　　）项目金额根据若干总账账户期末余额计算填列。
    A. 应收账款　　　　　　　　　B. 货币资金
    C. 盈余公积　　　　　　　　　D. 短期借款

11. 资产负债表中,所有者权益应该按(　　)顺序排列。
    A. 永久性递减　　　　　　　　B. 永久性递增
    C. 流动性递减　　　　　　　　D. 流动性递增

12. 所有者权益排列顺序依次为(　　)。
    A. 实收资本(或者股本)、资本公积、盈余公积、未分配利润
    B. 实收资本(或者股本)、盈余公积、资本公积、未分配利润
    C. 资本公积、盈余公积、未分配利润、实收资本(或者股本)
    D. 实收资本(或者股本)、资本公积、未分配利润、盈余公积

13. 按照财务报表所反映的内容可以分为(　　)。
    A. 对外财务报表和对内财务报表
    B. 中期财务报表和年度财务报表
    C. 个别财务报表、汇总财务报表、分部报表和合并财务报表
    D. 静态财务报表和动态财务报表

14. 通过资产负债表不能了解(　　)。
    A. 企业的经济资源及分布的情况　　B. 企业资金的来源渠道和构成
    C. 企业的偿债能力　　　　　　　　D. 企业的财务成果及其形成过程

15. 资产负债表是反映企业(　　)财务状况的会计报表。
    A. 某一特定日期　　　　　　　　B. 一定时期内
    C. 某一年份内　　　　　　　　　D. 某一月份内

16. 关于填列资产负债表"期末数"栏各个项目,下列说法正确的是(　　)。
    A. 主要是根据有关账户的期末余额记录填列
    B. 主要是根据有关账户的本期发生额记录填列
    C. 部分项目根据有关账户的期末余额填列,部分项目根据有关账户的发生额填列
    D. 大部分项目根据有关账户的期末余额填列,少数项目根据有关账户的本期发生额填列

17. 资产负债表中的"存货"项目,应根据(　　)。
    A. "存货"账户的期末借方余额直接填列
    B. "原材料"账户的期末借方余额直接填列
    C. "原材料""生产成本"和"库存商品"等账户的期末余额计算填列
    D. "原材料""生产成本"和"库存商品"等账户的发生额计算填列

18. 可以根据总分类账余额直接填列的资产负债表项目是(　　)。
    A. 应付账款　　　　　　　　　　B. 管理费用
    C. 应收账款　　　　　　　　　　D. 应付职工薪酬

19. 下列报表中,不属于企业对外提供的动态报表的是(　　)。
    A. 利润表　　　　　　　　　　　B. 所有者权益变动表
    C. 现金流量表　　　　　　　　　D. 资产负债表

20. 为了具体反映利润的形成情况,我国现行的利润表的结构一般采用(　　)报告结构。
    A. 单步式　　　　　　　　　　　B. 多步式
    C. 账户式　　　　　　　　　　　D. 报告式

21. 多步式利润表中的利润总额是以( )为基础来计算的。
   A. 营业收入   B. 营业成本
   C. 投资收益   D. 营业利润

22. 关于企业利润构成的表述不正确的是( )。
   A. 企业的利润总额由营业利润、投资收益和营业外收入三部分组成
   B. 营业成本=主营业务成本+其他业务成本
   C. 利润总额=营业利润+营业外收入-营业外支出
   D. 净利润=利润总额-所得税费用

23. 以"收入-费用=利润"这一会计等式作为编制依据的会计报表是( )。
   A. 利润表   B. 所有者权益变动表
   C. 资产负债表   D. 现金流量表

24. 利润表的各项目基本是根据损益类账户的( )填列。
   A. 期初余额   B. 本期发生额(或净额)
   C. 期末余额   D. 本期借方发生额

25. 利润表提供的主要会计信息是( )。
   A. 企业的经济资源   B. 企业的现金流量
   C. 企业的经营成果   D. 企业的财务状况

26. 关于净利润的计算,下列公式中正确的是( )。
   A. 净利润=利润总额+营业外收入-营业外支出
   B. 净利润=营业收入-营业成本-营业税金及附加-销售费用-管理费用-财务费用-资产减值损失+公允价值变动收益+投资收益
   C. 净利润=利润总额-所得税费用
   D. 净利润=利润总额+所得税费用

27. 某企业有关损益类账户发生额如下:
   主营业务收入1 000 000元   其他业务收入80 000元   营业外收入90 000元
   主营业务成本760 000元   其他业务成本50 000元   营业税金及附加30 000元
   营业外支出75 000元   管理费用40 000元   销售费用30 000元
   财务费用15 000元   所得税费用75 000元
   则该企业营业利润为( )元。
   A. 170 000   B. 155 000
   C. 25 000   D. 80 000

28. 某公司有关损益类账户发生额如下:
   主营业务收入1 700万元   主营业务成本1 190万元   营业税金及附加170万元
   销售费用110万元   管理费用100万元   财务费用19万元
   营业外收入16万元   营业外支出25万元   其他业务收入200万元
   其他业务成本100万元
   所得税税率为25%,其营业利润、利润总额、企业净利润分别为( )万元。
   A. 111、232、174   B. 211、202、151.5
   C. 356、232、74   D. 111、202、151.5

29. 以下说法不正确的是(　　)。
   A. 通过资产负债表的分析，可以了解企业的偿债能力和支付能力，分析企业未来财务状况的变动趋势
   B. 资产负债表的负债按照流动性分为短期负债和长期负债
   C. 账户式资产负债表分为左右两方，左方为资产项目
   D. 账户式资产负债表分为左右两方，右方为负债和所有者权益项目

30. 关于财务报表不正确的是(　　)。
   A. 财务报表是企业会计工作的最终成果
   B. 不同性质会计主体的财务报表种类也不尽相同
   C. 企业编制的财务报表首先应当是真实的、可靠的
   D. 根据会计准则的规定，财务报表至少应当包括资产负债表、利润表、现金流量表、管理费用明细表和利润分配表

二、多项选择题

1. 属于动态财务报表的是(　　)。
   A. 利润表　　　　　　　　　　B. 资产负债表
   C. 所有者权益变动表　　　　　D. 现金流量表

2. 按照财务报表的编制基础可以将报表分为(　　)。
   A. 个别财务报表　　　　　　　B. 汇总财务报表
   C. 分部报表　　　　　　　　　D. 合并财务报表

3. 按照财务报表的报送对象可以将报表分为(　　)。
   A. 对外财务报表　　　　　　　B. 对内财务报表
   C. 中期财务报表　　　　　　　D. 年度财务报表

4. 按照企业会计准则的规定，财务报表至少应当包括(　　)。
   A. 资产负债表和利润表　　　　B. 现金流量表
   C. 附注　　　　　　　　　　　D. 所有者权益(或股东权益)变动表

5. 财务报告的使用者有(　　)。
   A. 投资者　　　　　　　　　　B. 债权人
   C. 主管部门和政府有关部门　　D. 企业内部管理人员

6. 以下属于财务报表编制要求的是(　　)。
   A. 真实可靠　　　　　　　　　B. 相关可比
   C. 全面完整　　　　　　　　　D. 便于理解

7. 下列报表中属于对外会计报表的是(　　)。
   A. 资产负债表　　　　　　　　B. 利润表
   C. 产品销售收入明细表　　　　D. 现金流量表

8. 下列报表中只对内编报的会计报表是(　　)。
   A. 资产负债表　　　　　　　　B. 利润表
   C. 制造成本表　　　　　　　　D. 管理费用明细表

9. 下列各项中，属于财务会计报告编制要求的有(　　)。
   A. 全面完整　　　　　　　　　B. 编报及时

C. 真实可靠 D. 便于理解

10. 资产负债表中的"存货"项目反映的内容包括( )。
   A. 在途物资 B. 库存商品
   C. 周转材料 D. 生产成本

11. 资产负债表的格式通常有( )。
   A. 单步式 B. 多步式
   C. 账户式 D. 报告式

12. 资产负债表中的"货币资金"项目,应根据总账中( )的期末余额合计数填列。
   A. 库存现金 B. 其他货币资金
   C. 银行存款 D. 备用金

13. 下列账户中,可能影响资产负债表中"预付款项"项目金额的有( )。
   A. 预收账款 B. 应收账款
   C. 应付账款 D. 预付账款

14. 下列各项中,属于资产负债表中流动负债项目的有( )。
   A. 应付利息 B. 应付股利
   C. 预付账款 D. 应付职工薪酬

15. 资产负债表中"应付账款"项目应根据( )两者合计填列。
   A. 应付账款总账余额
   B. 应付账款所属明细账贷方余额合计
   C. 应付账款所属明细账借方余额合计
   D. 预付账款所属明细账贷方余额合计

16. 多步式利润表可以反映的内容是( )。
   A. 营业利润 B. 所得税费用
   C. 利润总额 D. 净利润

17. 下列各项中,影响营业利润的账户有( )。
   A. 主营业务成本 B. 其他业务成本
   C. 营业外支出 D. 营业税金及附加

18. 下列各项中,影响企业利润总额的有( )。
   A. 营业外支出 B. 营业外收入
   C. 所得税费用 D. 净利润

19. 通过利润表,会计信息使用者能够( )。
   A. 分析企业资产的结构及其状况 B. 分析企业的偿债能力
   C. 分析企业利润的未来发展趋势 D. 分析企业的获利能力

20. 关于财务报表正确的是( )。
   A. 财务报表是企业对外提供会计信息的主要途径
   B. 编制财务报表是会计分析的一种专门方法
   C. 年度财务报表是反映一个完整会计年度财务状况、经营成果和现金流量等信息的报表。
   D. 编制财务报表前应当做好账项调整、财产清查、对账、结账等准备工作。

三、判断题

1. 财务报表是企业会计核算最终成果的报告载体。（　　）
2. 我国企业会计报表主要是对外部信息使用者提供的，与企业职工的关系不大。（　　）
3. 资产负债表属于动态报表，利润表属于静态报表。（　　）
4. 我国利润表的格式采用多步式。（　　）
5. 资产负债表是反映企业在一定期间经营成果的报表。（　　）
6. 我国资产负债表主要采用账户式格式。（　　）
7. 资产负债表的理论依据是"资产＝负债＋所有者权益"。（　　）
8. 资产负债表的"期末余额"是根据总账或有关明细账期末余额直接填列的。（　　）
9. 财务报表按照会计报表的编制单位，可以分为内部报表和外部报表。（　　）
10. 所有的会计报表都应该有统一的格式、内容和编制要求。（　　）
11. 资产负债表中"货币资金"项目根据"库存现金""银行存款"账户的期末余额合计数填列。（　　）
12. 利润表的营业收入项目包括主营业务收入和其他业务收入。（　　）
13. 利润表中"本期数"栏应根据各损益类账户本期发生额填列。（　　）
14. 利润总额是指收入加上投资收益、营业外收入，减去营业外支出后的总金额。（　　）
15. 利润表属于动态会计报表。（　　）
16. 我国资产负债表左方为资产项目，按要求清偿时间的先后顺序排列，右方为负债和所有者权益项目，按照流动性大小排列。（　　）
17. 利润表是反映企业一定日期财务状况的财务报表。（　　）
18. 资产负债表是总括反映企业特定日期资产、负债和所有者权益情况的静态报表，通过它可以了解企业的资产的结构、资金的来源和偿债能力等。（　　）
19. 利润表中收入类项目大多是根据收入类账户期末结转前借方发生额减去贷方发生额后的差额填列，若差额为负数，以"－"号填列。（　　）
20. 企业编制的财务报表首先应当是及时的、全面的。（　　）

四、名词解释

财务报表　资产负债表　利润表　现金流量表

五、简答题

1. 企业财务报表体系应包括哪些内容？
2. 财务报告的编制要求有哪些？
3. 财务报表按照不同的标志如何分类？
4. 资产负债表的基本结构和内容有哪些？
5. 利润表的基本结构及内容有哪些？
6. 资产负债表"期末余额"的主要列报方法有哪几种？
7. 财务报表的作用有哪些？

六、业务题

（1）【目的】练习资产负债表的编制。

【资料】W公司20××年12月账户期末余额如下表：

科目余额表

单位:元

科目名称	借方余额	科目名称	贷方余额
库存现金	3 000	短期借款	4 000
银行存款	82 000	应付账款	36 000
应收账款	40 000	其中:甲公司	40 000
其中:A公司	50 000	乙公司	-4 000
B公司	-10 000	预收账款	2 000
预付账款	4 000	应付职工薪酬	15 000
其他应收款	1 000	应交税费	50 000
原材料	40 000	应付利息	5 000
库存商品	60 000	长期借款	30 000
生产成本	20 000	实收资本	500 000
固定资产	550 000	盈余公积	30 000
累计折旧	-83 000	利润分配	60 000
无形资产	50 000		
累计摊销	-35 000		
合　　计	732 000	合　　计	732 000

【要求】编制 W 公司 20××年 12 月资产负债表。

资产负债表

编制单位:W公司　　　　20××年12月31日　　　　单位:元

资　　产	行次	期末余额	年初余额	负债和所有者权益	行次	期末余额	年初余额
流动资产:			略	流动负债:			略
货币资金	1			短期借款	32		
交易性金融资产	2			交易性金融负债	33		
应收票据	3			应付票据	34		
应收账款	4			应付账款	35		
预付账款	5			预收账款	36		
应收利息	6			应付职工薪酬	37		
应收股利	7			应交税费	38		
其他应收款	8			应付利息	39		
存货	9			应付股利	40		
一年内到期的非流动资产	10			其他应付款	41		
其他流动资产	11			一年内到期的非流动负债	42		
				其他流动负债	43		
流动资产合计	12			流动负债合计	44		
非流动资产:				非流动负债:			
可供出售金融资产	13			长期借款	45		
持有至到期投资	14			应付债券	46		
长期应收款	15			长期应付款	47		

续表

资产	行次	期末余额	年初余额	负债和所有者权益	行次	期末余额	年初余额
长期股权投资	16			专项应付款	48		
投资性房地产	17			预计负债	49		
固定资产	18			递延所得税负债	50		
在建工程	19			其他非流动负债	51		
工程物资	20			非流动负债合计	52		
固定资产清理	21			负债合计	53		
生产性生物资产	22			所有者权益:			
油气资产	23			实收资本	54		
无形资产	24			资本公积	55		
开发支出	25			减:库存股	56		
商誉	26			盈余公积	57		
长期待摊费用	27			未分配利润	58		
递延所得税资产	28			所有者权益合计	59		
其他非流动资产	29						
非流动资产合计	30						
资产总计	31			负债和所有者权益总计	60		

(二)【目的】练习利润表的编制。

【资料】W 公司 20××年 12 月有关账户本期累计发生额如下表:

账户本期发生额表　　　　　　　　　　　　　　　　　单位:元

账户名称	本期发生额	
	借方	贷方
主营业务收入		600 000
其他业务收入		80 000
主营业务成本	420 000	
其他业务成本	40 000	
营业税金及附加	12 000	
销售费用	40 000	
管理费用	60 000	
财务费用	20 000	
营业外收入		40 000
营业外支出	20 000	
所得税费用	27 000	
合计	639 000	720 000

【要求】根据上述资料编制 W 公司 20××年度利润表。

利润表

编制单位:W公司　　　　　20××年度　　　　　单位:元

项目	行次	本期金额	上期金额
一、营业收入	1		略
减:营业成本	2		
营业税金及附加	3		
销售费用	4		
管理费用	5		
财务费用	6		
资产减值损失	7		
加:公允价值变动收益(损失以"－"号填列)	8		
投资收益(损失以"－"号填列)	9		
其中:对联营企业和合营企业的投资收益	10		
二、营业利润(亏损以"－"号填列)	11		
加:营业外收入	12		
减:营业外支出	13		
其中:非流动资产处置损失	14		
三、利润总额(亏损以"－"号填列)	15		
减:所得税费用	16		
四、净利润(净亏损以"－"号填列)	17		
五、每股收益			
（一)基本每股收益	18		
（二)稀释每股收益	19		

参考答案

一、单项选择题
1. A 2. C 3. D 4. D 5. B 6. D 7. B 8. B 9. C 10. B
11. A 12. A 13. D 14. D 15. A 16. A 17. C 18. D 19. D 20. B
21. D 22. A 23. A 24. B 25. C 26. C 27. B 28. B 29. B 30. D

二、多项选择题
1. ACD 2. ABCD 3. AB 4. ABCD 5. ABCD
6. ABCD 7. ABD 8. CD 9. ABCD 10. ABCD
11. CD 12. ABC 13. CD 14. ABD 15. BD
16. ABCD 17. ABD 18. AB 19. CD 20. ACD

三、判断题
1. √ 2. × 3. × 4. √ 5. × 6. √ 7. √ 8. × 9. × 10. ×
11. × 12. √ 13. √ 14. × 15. √ 16. × 17. × 18. √ 19. × 20. ×

四、名词解释
财务报表是对企业财务状况、经营成果和现金流量的结构性表述,是企业会计工作的最终成果。

资产负债表是指反映企业在某一特定日期的财务状况的财务报表。

利润表是指反映企业在一定会计期间的经营成果的财务报表。

现金流量表是指反映企业在一定会计期间的现金和现金等价物流入和流出的财务报表。

五、简答题

1. 按照《企业会计准则第30号——财务报表列报》的规定,财务报表至少应当包括:资产负债表、利润表、现金流量表、所有者权益(或股东权益)变动表及附注。

2. 财务报表的编制应当符合以下要求:

(1)真实可靠。企业编制财务报表,应当根据真实的交易、事项以及完整、准确的账簿记录等资料,按照企业会计准则规定的编制基础、编制依据、编制原则和方法编制。

(2)相关可比。企业财务报表所反映的综合会计信息必须是与有关方面进行经济决策相关的,按照会计准则的规定编制,以便信息使用者进行经济决策。

(3)全面完整。企业编制的财务报表应当全面反映报告日和报告期内企业的财务状况、经营成果、现金流量等方面的信息,不得遗漏。

(4)便于理解。财务报表提供的信息易于为财务报表使用者理解。

(5)编报及时。财务报表应及时编制和报送,以保证信息的时效性,有利于财务报表的使用者使用。

3. 按照财务报表所反映的内容可以分为静态财务报表和动态财务报表;按照财务报表的报送对象可以分为对外财务报表和对内财务报表;按照财务报表的报送时间可以分为中期财务报表和年度财务报表;按照财务报表的编制基础可以分为个别财务报表、汇总财务报表、分部报表和合并财务报表。

4. 资产负债表的结构由表首和正表构成。表首概括地说明报表名称、编制单位、编制日期、报表编号、货币名称等。正表是资产负债表的主体,列示说明企业财务状况的各个项目。

资产负债表的内容分为资产和权益两部分,其中权益部分包括负债和所有者权益。资产分为流动资产和非流动资产,按照其流动性由强到弱分类列示。流动资产中的具体项目也按照流动性由强到弱依次排列;非流动资产中的各项目则按性质分类列示。负债分为流动负债和非流动负债,按照其偿还期限由短到长分类列示,其中各项目按其性质分别列示。

所有者权益按照其永久性递减的顺序排列,各类顺序依次为实收资本(或者股本)、资本公积、盈余公积、未分配利润。

5.利润表的结构一般包括表首、正表两部分。其中,表首概括地说明报表名称、编制单位、编制日期、报表编号、货币名称、计量单位等。正表是利润表的主体,反映形成经营成果的各个项目和计算过程。我国利润表采用多步式利润表。多步式利润表将净利润的计算分解为营业利润、利润总额和净利润三个步骤来进行。

6."期末余额"栏内的数字,应根据以下方法填列:

(1)根据总账的期末余额直接填列。主要包括:应收股利、应收利息、其他流动资产、固定资产清理、短期借款、应付票据、应付职工薪酬、应交税费、应付利息、应付股利、其他应付款、实收资本(或股本)、资本公积、盈余公积等。

(2)根据明细账户的期末余额计算填列。主要包括:一年内到期的非流动资产、应付账款、预收账款、一年内到期的非流动负债、未分配利润等。

(3)根据若干总账账户期末余额计算填列。主要包括:货币资金、存货、固定资产、无形资产等。

(4)根据总账账户和明细账户期末余额分析计算填列。主要包括:应收票据、应收账款、预付账款、其他应收款、持有至到期投资、长期借款、应付债券、长期应付款、其他非流动负债等。

7.(1)财务报表提供的经济信息是企业加强和改善经营管理的重要依据。

(2)财务报表提供的信息是投资人、债权人以及广大社会公众进行经济决策的依据,有助于促进资本市场和其他市场的有效运作,促进有限资源的合理配置。

(3)财务报表提供的信息是国家经济管理部门进行宏观调控和管理的依据。

六、业务题

(一)

资产负债表

编制单位:W公司　　　　　　　　　20××年12月31日　　　　　　　　　单位:元

资产	行次	期末余额	年初余额	负债和所有者权益	行次	期末余额	年初余额
流动资产:			略	流动负债:			略
货币资金	1	85 000		短期借款	32	4 000	
交易性金融资产	2			交易性金融负债	33		
应收票据	3			应付票据	34		
应收账款	4	50 000		应付账款	35	40 000	
预付账款	5	8 000		预收账款	36	12 000	
应收利息	6			应付职工薪酬	37	15 000	
应收股利	7			应交税费	38	50 000	
其他应收款	8	1 000		应付利息	39	5 000	
存货	9	120 000		应付股利	40		
一年内到期的非流动资产	10			其他应付款	41		
其他流动资产	11			一年内到期的非流动负债	42		
				其他流动负债	43		
流动资产合计	12	264 000		流动负债合计	44	126 000	

资产	行次	期末余额	年初余额	负债和所有者权益	行次	期末余额	年初余额
非流动资产:				非流动负债:			
可供出售金融资产	13			长期借款	45	30 000	
持有至到期投资	14			应付债券	46		
长期应收款	15			长期应付款	47		
长期股权投资	16			专项应付款	48		
投资性房地产	17			预计负债	49		
固定资产	18	467 000		递延所得税负债	50		
在建工程	19			其他非流动负债	51		
工程物资	20			非流动负债合计	52	30 000	
固定资产清理	21			负债合计	53	156 000	
生产性生物资产	22			所有者权益:			
油气资产	23			实收资本	54	500 000	
无形资产	24	15 000		资本公积	55		
开发支出	25			减:库存股	56		
商誉	26			盈余公积	57	30 000	
长期待摊费用	27			未分配利润	58	60 000	
递延所得税资产	28			所有者权益合计	59	590 000	
其他非流动资产	29						
非流动资产合计	30	482 000					
资产总计	31	746 000		负债和所有者权益总计	60	746 000	

(二) 利润表

编制单位:W公司　　　　　　　　　　20××年度　　　　　　　　　　单位:元

项目	行次	本期金额	上期金额
一、营业收入	1	680 000	略
减:营业成本	2	460 000	
营业税金及附加	3	12 000	
销售费用	4	40 000	
管理费用	5	60 000	
财务费用	6	20 000	
资产减值损失	7		
加:公允价值变动收益(损失以"-"号填列)	8		
投资收益(损失以"-"号填列)	9		
其中:对联营企业和合营企业的投资收益	10		
二、营业利润(亏损以"-"号填列)	11	88 000	
加:营业外收入	12	40 000	
减:营业外支出	13	20 000	
其中:非流动资产处置损失	14		
三、利润总额(亏损以"-"号填列)	15	108 000	
减:所得税费用	16	27 000	
四、净利润(净亏损以"-"号填列)	17	81 000	
五、每股收益			
(一)基本每股收益	18		
(二)稀释每股收益	19		

第 11 章

账务处理程序

知识点概要

11.1 账务处理程序

账务处理程序也称会计核算组织程序、会计核算形式,它是指在会计循环中,会计主体采用的会计凭证、会计账簿、会计报表的种类和格式与记账程序有机结合的方法和步骤。

由于国家有关的准则或会计制度中对于会计报表的种类和格式已有统一规定,因此,不论选择哪一种账务处理程序,会计报表的种类与格式都不会有变动。因此,账务处理程序主要包括凭证组织、账簿组织和记账程序和方法三个方面的内容。

凭证组织包括原始凭证的取得、整理和汇总,记账凭证的填制和汇总,会计凭证的审核、传递和保管等;账簿组织包括各类账簿的设置,账页格式的确定,账簿的登记,各账簿之间的相互关系;记账程序和方法包括从会计凭证填制、会计账簿登记到会计报表编制的步骤和方法。

各单位应本着从本会计主体的实际情况出发、以保证会计核算质量为立足点、力求降低会计核算成本、有利于内部控制制度的贯彻执行的原则,建立科学、合理、适用的账务处理程序。

常用的账务处理程序有记账凭证账务处理程序、科目汇总表账务处理程序、汇总记账凭证账务处理程序和多栏式日记账账务处理程序等。

各种账务处理程序的主要区别在于登记总账的依据和方法不同。

11.2 记账凭证账务处理程序

1. 概念及特征

记账凭证账务处理程序是指直接根据各种记账凭证逐笔登记总分类账,并定期编制会计报表的一种账务处理程序。其显著特征是直接根据记账凭证逐笔登记总账。它是最基本的账务处理程序。

2. 凭证组织和账簿组织

记账凭证可以采用收款凭证、付款凭证和转账凭证等专用记账凭证,也可以用通用记账凭证。现金日记账和银行存款日记账一般应设置收、付、余三栏式;各总分类账均采用借、贷、余三栏式;明细分类账可根据核算需要,采用三栏式、数量金额式或多栏式。

3. 基本步骤

记账凭证账务处理程序的基本步骤如图 11.1 所示。

(1)经济业务发生以后,根据有关的原始凭证或原始凭证汇总表填制记账凭证。
(2)根据收款凭证和付款凭证逐笔登记库存现金日记账和银行存款日记账。
(3)根据记账凭证并参考原始凭证或原始凭证汇总表,逐笔登记各种明细分类账。
(4)根据各种记账凭证逐笔登记总分类账。
(5)月末,将日记账、明细分类账的余额分别与相应的总分类账的余额进行核对。

(6)月末,根据总分类账和明细分类账的资料编制会计报表。

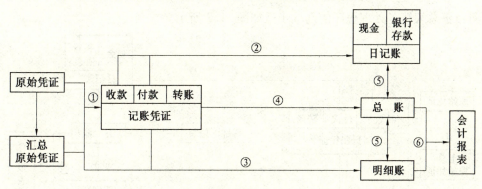

图 11.1　记账凭证账务处理程序的基本步骤

4. 优缺点

优点是能够清晰地反映账户之间的对应关系,总分类账能够比较详细地反映经济业务的发生情况,登记方法简单明了,易于掌握;缺点是对于记账凭证数量较多的单位,登记总分类账工作量过大。

5. 适用范围

一般只适用于规模较小、经济业务量比较少、需要编制记账凭证不是很多的会计主体。

11.3　科目汇总表账务处理程序

1. 概念及特征

科目汇总表账务处理程序是指根据各种记账凭证定期编制科目汇总表,然后根据科目汇总表登记总分类账,并定期编制会计报表的账务处理程序。其显著特征是定期编制科目汇总表并据以登记总分类账。

2. 凭证组织和账簿组织

记账凭证和账簿的种类和格式与记账凭证账务处理程序相同,但是还要设置"科目汇总表"这种具有汇总性质的记账凭证。

3. 科目汇总表的编制方法

科目汇总表是根据记账凭证汇总编制的,列示各总分类账户的本期发生额,据以登记总账的一种记账凭证。

基本的编制方法是:根据一定时期内(每 10 天或 15 天,或每月一次)的全部记账凭证,在丁字账底稿上按照相同会计科目进行归类,分别汇总每一个账户的借、贷双方的发生额,并将其填列在科目汇总表的相应栏内,借以反映全部账户的借、贷方发生额。根据科目汇总表登记总分类账时,只需要将该表中汇总起来的各会计科目的本期借、贷方发生额的合计数,分次或月末一次记入相应总分类账的借方或贷方即可。

4. 基本步骤

科目汇总表账务处理程序的基本步骤如图 11.2 所示。

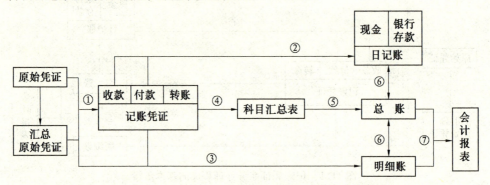

图 11.2 科目汇总表账务处理程序的基本步骤

(1) 经济业务发生以后,根据有关的原始凭证或原始凭证汇总表填制记账凭证。
(2) 根据收款凭证和付款凭证逐笔登记库存现金日记账和银行存款日记账。
(3) 根据记账凭证并参考原始凭证或原始凭证汇总表,逐笔登记各种明细分类账。
(4) 根据各种记账凭证编制科目汇总表。
(5) 根据各种科目汇总表登记总分类账。
(6) 月末,将日记账、明细分类账的余额分别与相应的总分类账的余额进行核对。
(7) 月末,根据总分类账和明细分类账的资料编制会计报表。

5. 优缺点

优点是大大减少登记总账的工作量,可以利用该表的汇总结果进行账户发生额的试算平衡,提高了核算的准确度,汇总方法简单,便于掌握;缺点是不能够清晰地反映账户之间的对应关系,不能够说明经济业务的来龙去脉。

6. 适用范围

适用于规模较大、经济业务较多、记账凭证较多的单位。

11.4 汇总记账凭证账务处理程序

1. 概念及特征

汇总记账凭证账务处理程序是指根据各种专用记账凭证定期汇总编制汇总记账凭证,然后根据汇总记账凭证登记总分类账,并定期编制会计报表的一种账务处理程序。其显著特点是定期根据记账凭证编制汇总记账凭证并据以登记总分类账。

2. 凭证组织和账簿组织

除使用收款凭证、付款凭证和转账凭证之外,还使用汇总记账凭证,包括汇总收款凭证、汇总付款凭证和汇总转账凭证。使用的会计账簿与记账凭证账务处理程序基本相同。

3. 汇总记账凭证的编制方法

汇总记账凭证是根据专用记账凭证,定期按照一定的方法进行汇总编制而成的。

（1）汇总收款凭证的编制方法。按收款凭证上的借方科目设置汇总收款凭证,按其相应的贷方科目定期进行汇总,每月编制一张,汇总时计算出每一个贷方科目发生额合计数,填入汇总收款凭证的相应栏次。

（2）汇总付款凭证的编制方法。按付款凭证上的贷方科目设置汇总付款凭证,按其相应的借方科目定期进行汇总,每月编制一张。汇总时计算出每一个借方科目发生额合计数,填入汇总付款凭证的相应栏次。

（3）汇总转账凭证的编制方法。按转账凭证上的贷方科目设置汇总转账凭证,按其相应的借方科目定期进行汇总,每月编制一张。汇总时计算出每一个借方科目发生额合计数,填入汇总转账凭证的相应栏次。

4.基本步骤

汇总记账凭证账务处理程序的基本步骤如图11.3所示。

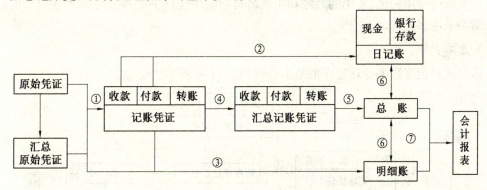

图11.3 汇总记账凭证账务处理程序的基本步骤

（1）经济业务发生以后,根据有关的原始凭证或原始凭证汇总表填制记账凭证。
（2）根据收款凭证和付款凭证逐笔登记库存现金日记账和银行存款日记账。
（3）根据记账凭证并参考原始凭证或原始凭证汇总表,逐笔登记各种明细分类账。
（4）根据各种记账凭证编制汇总记账凭证。
（5）根据各种汇总记账凭证登记总分类账。
（6）月末,将日记账、明细分类账的余额分别与相应的总分类账的余额进行核对。
（7）月末,根据总分类账和明细分类账的资料编制会计报表。

5.优缺点

优点是大大减少登记总账的工作量,在汇总记账凭证和账簿上面能够清晰地反映账户之间的对应关系;缺点是不定期编制汇总记账凭证的工作量比较大,并且汇总过程中可能存在的错误不易发现。

6.适用范围

适用于规模较大、经济业务较多、记账凭证较多的单位。

11.5 多栏式日记账账务处理程序

1. 概念及特征

多栏式日记账账务处理程序是指根据收、付款凭证直接逐笔登记多栏式日记账,月末根据多栏式日记账登记总账的一种账务处理程序。其显著特点是设置多栏式日记账,根据多栏式现金日记账和多栏式银行存款日记账登记总分类账,对于转账业务,可以根据转账凭证逐笔登记总分类账,也可以根据转账凭证编制转账凭证科目汇总表,据以登记总分类账。

2. 凭证组织和账簿组织

一般采用专用凭证,使用的总账和明细账与记账凭证账务处理程序基本相同。但是日记账需要采用多栏式。

3. 基本步骤

多栏式日记账账务处理程序的基本步骤如图11.4所示。

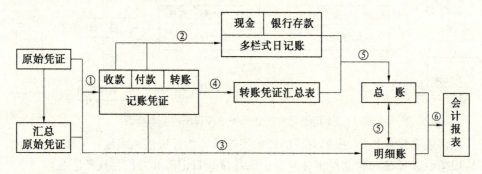

图11.4　多栏式日记账账务处理程序的基本步骤

(1)经济业务发生以后,根据有关的原始凭证或原始凭证汇总表填制记账凭证。
(2)根据收款凭证和付款凭证逐笔登记多栏式库存现金日记账和银行存款日记账。
(3)根据记账凭证并参考原始凭证或原始凭证汇总表,逐笔登记各种明细分类账。
(4)根据多栏式日记账及转账凭证(或转账凭证汇总表)登记总分类账。
(5)月末,将明细分类账的余额分别与相应的总分类账的余额进行核对。
(6)月末,根据总分类账和明细分类账的资料编制会计报表。

4. 优缺点

优点是减少了登记总账的工作量;缺点是登记多栏式日记账的工作量较大,在业务复杂的单位中多栏式日记账中的栏次会设置较多,账页过宽,不便于登记。

5. 适用范围

适用于经济规模较小、收付款业务较多的单位。

自我训练

一、单项选择题

1. 以下账务处理程序适用于规模较小、经济业务较少的单位的是(　　)。
   A. 记账凭证账务处理程序　　　　　B. 科目汇总表账务处理程序
   C. 日记总账账务处理程序　　　　　D. 汇总记账凭证账务处理程序

2. 以下账务处理程序适用于生产规模较大、业务较多的单位是(　　)。
   A. 记账凭证账务处理程序　　　　　B. 科目汇总表账务处理程序
   C. 日记总账账务处理程序　　　　　D. 汇总原始凭证账务处理程序

3. 企业采用汇总记账凭证账务处理程序,应根据(　　)登记总账。
   A. 汇总记账凭证　　　　　　　　　B. 记账凭证
   C. 科目汇总表　　　　　　　　　　D. 多栏式日记账和转账凭证

4. 汇总记账凭证账务处理程序和科目汇总表账务处理程序的主要相同点是(　　)。
   A. 登记总账的依据相同　　　　　　B. 汇总凭证的格式相同
   C. 记账凭证都需要汇总　　　　　　D. 工作步骤相同

5. 各种会计账务处理程序的主要区别在于(　　)不同。
   A. 记账凭证的种类和格式　　　　　B. 登记总账的依据
   C. 登记明细账的依据　　　　　　　D. 原始凭证的种类和格式

6. 账务处理程序中最基本的是(　　)。
   A. 记账凭证账务处理程序　　　　　B. 科目汇总表账务处理程序
   C. 日记总账账务处理程序　　　　　D. 汇总记账凭证账务处理程序

7. 科目汇总表账务处理程序的优点是(　　)。
   A. 便于了解经济业务的来龙去脉　　B. 便于查对账目
   C. 可以减少登记总账的工作量　　　D. 总分类账的记录较为详细

8. 汇总收款凭证是按(　　)设置的。
   A. 收款凭证上的借方科目　　　　　B. 收款凭证上的贷方科目
   C. 付款凭证上的借方科目　　　　　D. 付款凭证上的贷方科目

9. 汇总付款凭证是按(　　)设置的。
   A. 收款凭证上的借方科目　　　　　B. 收款凭证上的贷方科目
   C. 付款凭证上的借方科目　　　　　D. 付款凭证上的贷方科目

10. 汇总转账凭证是按(　　)设置的。
    A. 收款凭证上的借方科目　　　　　B. 付款凭证上的贷方科目
    C. 转账凭证上的借方科目　　　　　D. 转账凭证上的贷方科目

11. 不能够简化登记总账工作量的会计账务处理程序是(　　)。
    A. 记账凭证账务处理程序　　　　　B. 科目汇总表账务处理程序
    C. 多栏式日记账账务处理程序　　　D. 汇总记账凭证账务处理程序

12. 汇总收款凭证是根据(　　)汇总编制而成的。
    A. 原始凭证　　　　　　　　　　　B. 汇总原始凭证
    C. 付款凭证　　　　　　　　　　　D. 收款凭证

13. 汇总记账凭证账务处理程序( )。
    A. 能够清楚地反映各科目之间的对应关系
    B. 不能清楚地反映各科目之间的对应关系
    C. 能够详细反映企业所有的经济业务
    D. 能够序时反映企业所有的经济业务
14. 汇总记账凭证账务处理程序的主要缺点是( )。
    A. 登记总账的工作量大　　　　　　B. 不利于人员分工
    C. 体现不了账户对应关系　　　　　D. 编制汇总记账凭证的工作量较大
15. 科目汇总表账务处理程序的主要缺点是( )。
    A. 登记总账的工作量大　　　　　　B. 不利于人员分工
    C. 体现不了账户对应关系　　　　　D. 明细账与总账无法核对
16. 编制科目汇总表的直接依据是( )。
    A. 原始凭证　　　　　　　　　　　B. 汇总原始凭证
    C. 记账凭证　　　　　　　　　　　D. 汇总记账凭证
17. 记账凭证账务处理程序的特点是根据记账凭证逐笔登记( )。
    A. 总分类账　　　　　　　　　　　B. 日记账
    C. 明细账　　　　　　　　　　　　D. 总分类账和明细分类账
18. 多栏式日记账账务处理程序适用于( )的单位。
    A. 规模较小，业务较少　　　　　　B. 规模较大，业务较多
    C. 规模较小，收付款业务较多　　　D. 会计科目较多
19. 编制科目汇总表的时间可以根据单位的业务量和凭证的多少确定，一般为( )。
    A. 3~5 天　　　　　　　　　　　　B. 5~7 天
    C. 7~9 天　　　　　　　　　　　　D. 10 天以上
20. 科目汇总表汇总的是( )。
    A. 全部科目的借方发生额　　　　　B. 全部科目的贷方发生额
    C. 全部科目的借贷方余额　　　　　D. 全部科目的借贷方发生额
21. 下列属于记账凭证账务处理程序优点的是( )。
    A. 总分类账反映较详细　　　　　　B. 减轻了登记总分类账的工作量
    C. 有利于会计核算的日常分工　　　D. 便于核对账目和进行试算平衡
22. 在不同账务处理程序中，不能作为登记总账依据的是( )。
    A. 记账凭证　　　　　　　　　　　B. 汇总记账凭证
    C. 汇总原始凭证　　　　　　　　　D. 科目汇总表
23. 汇总转账凭证编制的依据是( )。
    A. 原始凭证　　　　　　　　　　　B. 收款凭证
    C. 付款凭证　　　　　　　　　　　D. 转账凭证
24. 不论采用哪种账务处理程序，会计报表都是根据( )资料编制的。
    A. 日记账、总账和明细账　　　　　B. 日记账和明细分类账
    C. 明细账和总分类账　　　　　　　D. 日记账和总分类账
25. 关于账务处理程序正确的是( )。

A. 各种账务处理程序的主要区别在于登记日记账的依据和方法不同。
B. 各种账务处理程序的主要区别在于登记明细账的依据和方法不同。
C. 各种账务处理程序的主要区别在于登记总账的依据和方法不同。
D. 各种账务处理程序的主要区别在于登记备查账的依据和方法不同。

二、多项选择题

1. 企业常用的账务处理程序有(　　)。
   A. 记账凭证账务处理程序　　　　B. 科目汇总表账务处理程序
   C. 汇总记账凭证账务处理程序　　D. 分类账账务处理程序
2. 记账凭证账务处理程序登记总分类账的直接依据是(　　)。
   A. 收款凭证　　　　　　　　　　B. 付款凭证
   C. 原始凭证　　　　　　　　　　D. 转账凭证
3. 汇总记账凭证账务处理程序登记总分类账的依据是(　　)。
   A. 汇总收款凭证　　　　　　　　B. 汇总付款凭证
   C. 原始凭证汇总表　　　　　　　D. 汇总转账凭证
4. 记账凭证账务处理程序的优点有(　　)。
   A. 在记账凭证上能够清晰地反映账户之间的对应关系
   B. 在总分类账上能够比较详细地反映经济业务的发生情况
   C. 总分类账登记方法易于掌握
   D. 可以减轻总分类账登记的工作量
5. 科目汇总表账务处理程序的优点有(　　)。
   A. 可以进行账户发生额的试算平衡　　B. 可减轻登记总账的工作量
   C. 能够提高核算的准确性　　　　　　D. 能够反映对应关系
6. 登记总分类账的依据可以是(　　)。
   A. 记账凭证　　　　　　　　　　B. 汇总记账凭证
   C. 科目汇总表　　　　　　　　　D. 汇总原始凭证
7. 科目汇总表账务处理程序和汇总记账凭证账务处理程序的相同点是(　　)。
   A. 根据原始凭证编制记账凭证
   B. 根据记账凭证及原始凭证登记明细账
   C. 根据总分类账、明细分类账和有关资料编制财务报表
   D. 根据收、付款凭证登记现金日记账和银行存款日记账
8. 能够减少登记总账工作量的账务处理程序是(　　)。
   A. 记账凭证账务处理程序　　　　B. 科目汇总表账务处理程序
   C. 汇总记账凭证账务处理程序　　D. 多栏式日记账账务处理程序
9. 可以采用记账凭证账务处理程序的是(　　)的企业。
   A. 规模不大　　　　　　　　　　B. 经济业务数量不多
   C. 规模很大　　　　　　　　　　D. 经济业务数量较多
10. 科目汇总表账务处理程序的缺点是(　　)。
    A. 汇总工作量较繁重　　　　　　B. 账户对应关系不明确
    C. 不能提高会计核算的准确性　　D. 不能了解经济业务的来龙去脉

11. 汇总记账凭证账务处理程序的优点是( )。
    A. 减少了登记总账的工作量   B. 账户对应关系明确
    C. 便于检查记账凭证编制的正确性   D. 便于了解经济业务的来龙去脉
12. 账务处理程序的基本要求包括( )。
    A. 合理的会计分期   B. 从企业实际情况出发
    C. 力求降低核算成本   D. 以保证会计信息质量为立足点
13. 关于汇总记账凭证账务处理程序,下列说法中正确的是( )。
    A. 根据记账凭证定期编制汇总记账凭证
    B. 根据原始凭证或汇总原始凭证登记总账
    C. 根据汇总记账凭证登记总账
    D. 汇总转账凭证按照账户的贷方分别设置,按其对应的借方账户归类
14. 关于编制汇总记账凭证的说法错误的是( )。
    A. 汇总付款凭证按付款凭证的借方设置,并按其对应的贷方账户归类汇总
    B. 汇总收款凭证按收款凭证的贷方设置,并按其对应的借方账户归类汇总
    C. 汇总转账凭证按转账凭证的借方设置,并按其对应的贷方账户归类汇总
    D. 汇总转账凭证按转账凭证的贷方设置,并按其对应的借方账户归类汇总
15. 关于科目汇总表正确的是( )。
    A. 科目汇总表是根据原始凭证汇总编制的
    B. 科目汇总表是根据记账凭证汇总编制的
    C. 编制科目汇总表是首先要在科目汇总表底稿上按照相同会计科目进行归类
    D. 在科目汇总表上可以进行账户发生额的试算平衡

三、判断题

1. 各种账务处理程序的主要区别在于登记总账的依据不同。   (   )
2. 汇总记账凭证账务处理程序适合规模小、业务量少的单位。   (   )
3. 科目汇总表账务处理程序能科学地反映账户的对应关系,且便于账目核对。   (   )
4. 汇总转账凭证按库存现金、银行存款账户的借方设置,按其对应的贷方账户归类汇总。
                                                                          (   )
5. 汇总记账凭证账务处理程序能保持账户的对应关系,并能减轻登记总分类账的工作量。
                                                                          (   )
6. 账务处理程序就是指记账程序。   (   )
7. 由于各个企业的业务性质、组织规模、管理上的要求不同,企业应根据自身的特点,制定出科学、合理、适用的会计账务处理程序。
                                                                          (   )
8. 不同的凭证、账簿组织以及与之相适应的记账程序和方法相结合,构成不同的账务处理程序。
                                                                          (   )
9. 记账凭证账务处理程序的主要特点是直接根据各种记账凭证登记总账。   (   )
10. 科目汇总表账务处理程序的主要特点是根据记账凭证编制科目汇总表,并根据科目汇总表填制报表。
                                                                          (   )
11. 汇总记账凭证账务处理程序是将各种原始凭证汇总后填制记账凭证,据以登记总账的账务处理程序。
                                                                          (   )

12. 记账凭证账务处理程序一般适用于规模小、业务复杂、凭证较多的单位。（　）
13. 在科目汇总表和总账中,不反映科目对应关系,因而不便于分析经济业务的来龙去脉,不便于查对账目。（　）
14. 科目汇总表不仅可以减轻登记总分类账的工作量,还可以起到试算平衡作用,从而保证总账登记的正确性。（　）
15. 科目汇总表账务处理程序只适用于经济业务不太复杂的中小型单位。（　）
16. 记账凭证核算形式的主要特点是将记账凭证分为收、付、转三种记账凭证。（　）
17. 企业不论采用哪种账务处理程序,都必须设置日记账、总分类账和明细分类账。
（　）
18. 各种账务处理程序编制会计报表的方法相同。（　）
19. 会计报表是根据总分类账、明细分类账和日记账的记录定期编制的。（　）
20. 同一企业可以同时采用几种不同的账务处理程序。（　）
21. 不同的账务处理程序下,登记库存现金日记账的直接依据都是相同的。（　）
22. 科目汇总表可以反映账户之间的对应关系,但不能起到试算平衡的作用。（　）
23. 采用科目汇总表账务处理程序,总账、明细账和日记账都应根据科目汇总表登记。
（　）
24. 汇总记账凭证账务处理程序的缺点在于保持账户之间的对应关系。（　）
25. 汇总记账凭证一律按每一账户的借方设置,并按其对应的贷方账户归类汇总。
（　）
26. 科目汇总表与汇总记账凭证作用相似,但它们的结构不同,填制的方法不同。（　）
27. 不同的账务处理程序下,记账凭证是登记各种账簿的唯一依据。（　）
28. 不同的账务处理程序下,原始凭证可以作为登记各种账簿的直接依据。（　）
29. 汇总记账凭证和科目汇总表的编制依据和方法相同。（　）
30. 无论采用哪种账务处理程序,企业编制会计报表的依据都是相同的。（　）

四、名词解释

账务处理程序　记账凭证账务处理程序　科目汇总表账务处理程序　汇总记账凭证账务处理程序　多栏式日记账账务处理程序

五、简答题

1. 什么是账务处理程序？常见的账务处理程序有哪些？主要区别是什么？
2. 记账凭证账务处理程序的特点、优缺点和适用范围是怎样的？
3. 简要说明记账凭证账务处理程序的操作步骤。
4. 科目汇总表账务处理程序的特点、优缺点和适用范围是怎样的？
5. 怎样编制科目汇总表？
6. 简要说明科目汇总表账务处理程序的操作步骤。
7. 汇总记账凭证账务处理程序的特点、优缺点和适用范围是怎样的？
8. 简要说明汇总记账凭证账务处理程序的操作步骤。

六、业务题

（一）【目的】练习科目汇总表的编制。

【资料】第 7 章会计凭证业务题所编制的记账凭证。

【要求】

(1)根据记账凭证编制科目汇总表底稿(丁字账)。

(2)根据科目汇总表底稿填制科目汇总表。

科目汇总表

20××年12月1日至31日　　　　　　　　　　　　　　科汇第1号

会计科目	账页	本期发生额		记账凭证起讫号数
		借方	贷方	
库存现金				略
银行存款				
应收账款				
其他应收款				
在途物资				
原材料				
库存商品				
预付账款				
固定资产				
累计折旧				
短期借款				
应付账款				
应付职工薪酬				
应交税费				
应付利息				
应付股利				
长期借款				
实收资本				
盈余公积				
本年利润				
利润分配				
生产成本				
制造费用				
主营业务收入				
其他业务收入				
主营业务成本				
其他业务成本				
营业税金及附加				
销售费用				
管理费用				
财务费用				
营业外支出				
所得税费用				
合计				

主管：　　　　　　　　记账：　　　　　　　　制表：

(二)【目的】练习汇总记账凭证的编制。

【资料】第7章会计凭证中的业务题所编制的记账凭证。

【要求】编制汇总记账凭证。(汇总转账凭证只编制一张贷方科目为"原材料"的即可)

汇总付款凭证

贷方科目：库存现金　　　　　　　年　月　日　　　　　　　　汇付第　号

借方科目	金　额				记　账	
	(1)	(2)	(3)	合计	借方	贷方
合　计						

附注：(1) 自＿＿日至＿＿日　　付款凭证共计＿＿＿＿＿张
　　　(2) 自＿＿日至＿＿日　　付款凭证共计＿＿＿＿＿张
　　　(3) 自＿＿日至＿＿日　　付款凭证共计＿＿＿＿＿张

汇总付款凭证

贷方科目：银行存款　　　　　　　年　月　日　　　　　　　　汇付第　号

借方科目	金　额				记　账	
	(1)	(2)	(3)	合计	借方	贷方
合　计						

附注：(1) 自＿＿日至＿＿日　　付款凭证共计＿＿＿＿＿张
　　　(2) 自＿＿日至＿＿日　　付款凭证共计＿＿＿＿＿张
　　　(3) 自＿＿日至＿＿日　　付款凭证共计＿＿＿＿＿张

汇总付款凭证

贷方科目：银行存款　　　　　　　年　月　日　　　　　　　　汇付第　号

借方科目	金　额				记　账	
	(1)	(2)	(3)	合计	借方	贷方
合　计						

附注：(1) 自＿＿日至＿＿日　　付款凭证共计＿＿＿＿＿张
　　　(2) 自＿＿日至＿＿日　　付款凭证共计＿＿＿＿＿张
　　　(3) 自＿＿日至＿＿日　　付款凭证共计＿＿＿＿＿张

汇总收款凭证

贷方科目：库存现金　　　　　　　　　年　月　日　　　　　　　　　汇收第　号

贷方科目	金额				记账	
	(1)	(2)	(3)	合计	借方	贷方
合　计						

附注：(1) 自___日至___日　　付款凭证共计_____张
　　　(2) 自___日至___日　　付款凭证共计_____张
　　　(3) 自___日至___日　　付款凭证共计_____张

汇总收款凭证

贷方科目：银行存款　　　　　　　　　年　月　日　　　　　　　　　汇收第　号

贷方科目	金额				记账	
	(1)	(2)	(3)	合计	借方	贷方
合　计						

附注：(1) 自___日至___日　　付款凭证共计_____张
　　　(2) 自___日至___日　　付款凭证共计_____张
　　　(3) 自___日至___日　　付款凭证共计_____张

汇总转账凭证

贷方科目：原材料　　　　　　　　　年　月　日　　　　　　　　　汇转第　号

借方科目	金额				记账	
	(1)	(2)	(3)	合计	借方	贷方
合　计						

附注：(1) 自___日至___日　　付款凭证共计_____张
　　　(2) 自___日至___日　　付款凭证共计_____张
　　　(3) 自___日至___日　　付款凭证共计_____张

参考答案

一、单项选择题

1. A 2. B 3. A 4. C 5. B 6. A 7. C 8. A 9. D 10. D
11. A 12. D 13. A 14. D 15. C 16. C 17. A 18. C 19. D 20. D

二、多项选择题

1. ABC 2. ABD 3. ABD 4. ABC 5. ABC
6. ABC 7. ABCD 8. BC 9. AB 10. BD
11. ABD 12. BCD 13. AC 14. ABC 15. BCD

三、判断题

1. √ 2. × 3. × 4. × 5. √ 6. × 7. √ 8. √ 9. √ 10. ×
11. × 12. × 13. √ 14. √ 15. × 16. × 17. √ 18. √ 19. × 20. ×
21. √ 22. × 23. × 24. × 25. × 26. √ 27. × 28. × 29. × 30. √

四、名词解释

账务处理程序也称会计核算组织程序、会计核算形式，它是指在会计循环中，会计主体采用的会计凭证、会计账簿、会计报表的种类和格式与记账程序有机结合的方法和步骤。

记账凭证账务处理程序是指直接根据各种记账凭证逐笔登记总分类账，并定期编制会计报表的一种账务处理程序。

科目汇总表账务处理程序是指根据各种记账凭证定期编制科目汇总表，然后根据科目汇总表登记总分类账，并定期编制会计报表的账务处理程序。

汇总记账凭证账务处理程序是指根据各种专用记账凭证定期汇总编制汇总记账凭证，然后根据汇总记账凭证登记总分类账，并定期编制会计报表的一种账务处理程序。

多栏式日记账账务处理程序是指根据收、付款凭证直接逐笔登记多栏式日记账，月末根据多栏式日记账登记总账的一种账务处理程序。

五、简答题

1. 账务处理程序也称会计核算组织程序、会计核算形式，是指在会计循环中，会计主体采用的会计凭证、会计账簿、会计报表的种类和格式与记账程序有机结合的方法和步骤。主要包括凭证组织、账簿组织和记账程序和方法三个方面的内容。

常用的账务处理程序主要有记账凭证账务处理程序、科目汇总表账务处理程序、汇总记账凭证账务处理程序和多栏式日记账账务处理程序。各种账务处理程序的主要区别在于登记总账的依据和方法不同。

2. 记账凭证账务处理程序的显著特征是直接根据记账凭证逐笔登记总账。

优点：记账凭证能够清晰地反映账户之间的对应关系，总分类账能够比较详细地反映经济业务的发生情况，登记方法简单明了，易于掌握。

缺点：对于记账凭证数量较多的单位，登记总分类账工作量过大。

适用范围：记账凭证账务处理程序一般只适用于规模较小、经济业务量比较少、需要编制记账凭证不是很多的会计主体。

3. (1) 经济业务发生以后，根据有关的原始凭证或原始凭证汇总表填制记账凭证。

(2) 根据收款凭证和付款凭证逐笔登记库存现金日记账和银行存款日记账。

(3) 根据记账凭证并参考原始凭证或原始凭证汇总表，逐笔登记各种明细分类账。

(4) 根据各种记账凭证逐笔登记总分类账。

(5) 月末，将日记账、明细分类账的余额分别与相应的总分类账的余额进行核对。

(6) 月末，根据总分类账和明细分类账的资料编制会计报表。

4. 科目汇总表账务处理程序的显著特征是定期编制科目汇总表并据以登记总分类账。

优点:大大减少登记总账的工作量,可以利用该表的汇总结果进行账户发生额的试算平衡,提高了核算的准确度,汇总方法简单,便于掌握。

缺点:不能够清晰地反映账户之间的对应关系,不能够说明经济业务的来龙去脉。

适用范围:适用于规模较大、经济业务较多、记账凭证较多的单位。

5. 科目汇总表的编制方法是:根据一定时期内(每10天或15天,或每月一次)的全部记账凭证,在科目汇总表底稿(丁字账)上按照相同会计科目进行归类,分别汇总每一个账户的借、贷双方的发生额,并将其填列在科目汇总表的相应栏内,借以反映全部账户的借、贷方发生额。

6. (1) 经济业务发生以后,根据有关的原始凭证或原始凭证汇总表填制记账凭证。
(2) 根据收款凭证和付款凭证逐笔登记库存现金日记账和银行存款日记账。
(3) 根据记账凭证并参考原始凭证或原始凭证汇总表,逐笔登记各种明细分类账。
(4) 根据各种记账凭证编制科目汇总表。
(5) 根据各种科目汇总表登记总分类账。
(6) 月末,将日记账、明细分类账的余额分别与相应的总分类账的余额进行核对。
(7) 月末,根据总分类账和明细分类账的资料编制会计报表。

7. 汇总记账凭证账务处理程序的显著特点是定期根据记账凭证编制汇总记账凭证并据以登记总分类账。

优点:大大减少登记总账的工作量,在汇总记账凭证和账簿上面能够清晰地反映账户之间的对应关系。

缺点:不定期编制汇总记账凭证的工作量比较大,并且汇总过程中可能存在的错误不易发现。

适用范围:适用于规模较大、经济业务较多、记账凭证较多的单位。

8. (1) 经济业务发生以后,根据有关的原始凭证或原始凭证汇总表填制记账凭证。
(2) 根据收款凭证和付款凭证逐笔登记库存现金日记账和银行存款日记账。
(3) 根据记账凭证并参考原始凭证或原始凭证汇总表,逐笔登记各种明细分类账。
(4) 根据各种记账凭证编制汇总记账凭证。
(5) 根据各种汇总记账凭证登记总分类账。
(6) 月末,将日记账、明细分类账的余额分别与相应的总分类账的余额进行核对。
(7) 月末,根据总分类账和明细分类账的资料编制会计报表。

六、业务题

(一)

借方	库存现金	贷方		借方	银行存款	贷方	
(16)	63	(20)	480	(1)	20 000	(5)	46 800
		(22)	1 000	(3)	50 000	(7)	300
		(23)	500	(4)	35 100	(9)	44 000
		(26)	1 200	(15)	4 500	(10)	7 000
	63		3 180	(24)	14 040	(11)	3 400
				(25)	4 095	(13)	1 600
						(14)	500
						(17)	5 155
						(19)	148
						(21)	24 000
						(27)	1 200
					127 735		134 103

借方	其他应收款		贷方
(23)	500	(16)	237
			63
	500		300

借方	应收账款		贷方
(18)	107 757	(15)	4 500
	107 757		4 500

借方	原材料		贷方
(5)	40 000	(12)	20 400
(8)	50 300	(33)	3 000
	90 300		23 400

借方	在途物资		贷方
(6)	50 000	(8)	50 300
(7)	300		
	50 300		50 300

借方	库存商品		贷方
(34)	35 300	(32)	60 000
	35 300		60 000

借方	预付账款		贷方
(10)	7 000		
(20)	480		
	7 480		

借方	生产成本		贷方
(12)	16 000	(34)	35 300
(28)	20 000		
(31)	19 000		
	55 000		35 300

借方	制造费用		贷方
(12)	4 000	(31)	19 000
(16)	237		
(17)	4 363		
(28)	2 400		
(29)	8 000		
	19 000		19 000

借方	固定资产		贷方
(2)	8 000		
	8 000		

借方	累计折旧		贷方
		(29)	12 600
			12 600

借方	短期借款		贷方
		(3)	50 000
			50 000

借方	应付账款		贷方
(11)	3 400	(6)	58 500
	3 400		58 500

借方	应付利息		贷方
(27)	800	(30)	600
	800		600

借方	应交税费		贷方
(5)	6 800	(18)	15 657
(6)	8 500	(24)	2 040
(9)	44 000	(25)	595
		(35)	640
		(37)	8 080
	59 300		27 012

借方	长期借款		贷方
		(4)	35 100
			35 100

借方	应付职工薪酬		贷方		借方	本年利润		贷方
(21)	24 000	(28)	24 000		(36)	75 280	(36)	107 600
(26)	1 200				(37)	8 080		
	25 200		24 000		(40)	24 240		
						107 600		107 600

借方	实收资本		贷方		借方	盈余公积		贷方
		(1)	20 000				(38)	2 424
		(2)	8 000					2 424
			28 000					

借方	利润分配		贷方		借方	应付股利		贷方
(38)	2 424	(40)	24 240				(39)	4 648
(39)	4 648							4 648
	7 072		24 240					

借方	主营业务收入		贷方		借方	其他业务收入		贷方
(36)	104 100	(18)	92 100		(36)	3 500	(25)	3 500
		(24)	12 000			3 500		3 500
	104 100		104 100					

借方	主营业务成本		贷方		借方	其他业务成本		贷方
(32)	60 000	(36)	60 000		(33)	3 000	(36)	3 000
	60 000		60 000			3 000		3 000

借方	管理费用		贷方		借方	销售费用		贷方
(12)	400	(36)	8 992		(19)	148	(36)	148
(13)	1 600					148		
(17)	792							
(28)	1 600							
(29)	4 600							
	8 990		8 992					

借方	财务费用		贷方		借方	营业外支出		贷方
(27)	400	(36)	1 000		(14)	500	(36)	1 500
(30)	600				(22)	1 000		
	1 000		1 000			1 500		1 500

借方	营业税金及附加		贷方		借方	所得税费用		贷方
(35)	640	(36)	640		(37)	8 080	(37)	8 080
	640		640			8 080		8 080

科目汇总表

20××年 12 月 1 日至 31 日　　　　　　　　科汇第 1 号

会计科目	账页	本期发生额 借方	本期发生额 贷方	记账凭证起讫号数
库存现金		63	3 180	略
银行存款		127 735	134 103	
应收账款		107 757	4 500	
其他应收款		500	300	
在途物资		50 300	50 300	
原材料		90 300	23 400	
库存商品		35 300	60 000	
预付账款		7 480		
固定资产		8 000		
累计折旧			12 600	
短期借款			50 000	
应付账款		3 400	58 500	
应付职工薪酬		25 200	24 000	
应交税费		59 300	27 012	
应付利息		800	600	
应付股利			4 648	
长期借款			35 100	
实收资本			28 000	
盈余公积			2 424	
本年利润		107 600	107 600	
利润分配		7 072	24 240	
生产成本		55 000	35 300	
制造费用		19 000	19 000	
主营业务收入		104 100	104 100	
其他业务收入		3 500	3 500	
主营业务成本		60 000	60 000	
其他业务成本		3 000	3 000	
营业税金及附加		640	640	
销售费用		148	148	
管理费用		8 992	8 992	
财务费用		1 000	1 000	
营业外支出		1 500	1 500	
所得税费用		8 080	8 080	
合计		895 767	895 767	

主管：　　　　　　　　记账：　　　　　　　　制表：

(二)

汇总付款凭证

贷方科目：库存现金　　　　20××年12月31日　　　　汇付第 1 号

借方科目	金　额				记　账	
	(1)	(2)	(3)	合计	借方	贷方
预付账款			480	480		
应付职工薪酬			1 200	1 200		
其他应收款			500	500		
营业外支出			1 000	1 000		
合　计			3 180	3 180		

附注：(1) 自＿＿＿＿日至＿＿＿＿日　　付款凭证共计＿＿＿＿张
　　　(2) 自＿＿＿＿日至＿＿＿＿日　　付款凭证共计＿＿＿＿张
　　　(3) 自　20　日至　31　日　　付款凭证共计　4　张

汇总付款凭证

贷方科目：银行存款　　　　20××年12月31日　　　　汇付第 2 号

借方科目	金　额				记　账	
	(1)	(2)	(3)	合计	借方	贷方
原材料	40 000			40 000		
应交税费	50 800			50 800		
在途物资	300			300		
预付账款		7 000		7 000		
应付账款		3 400		3 400		
管理费用		1 600		1 600		
合　计	91 100	12 000		103 100		

附注：(1) 自　1　日至　10　日　　付款凭证共计　3　张
　　　(2) 自　11　日至　20　日　　付款凭证共计　3　张
　　　(3) 自＿＿＿＿日至＿＿＿＿日　　付款凭证共计＿＿＿＿张

汇总付款凭证

贷方科目：银行存款　　　　20××年12月31日　　　　汇付第 3 号

借方科目	金　额				记　账	
	(1)	(2)	(3)	合计	借方	贷方
营业外支出		500		500		
制造费用		4 363		4 363		
销售费用		148		148		
应付职工薪酬			24 000	24 000		
财务费用			400	400		
应付利息			800	800		
合　计		5 011	25 200	30 211		

附注：(1) 自＿＿＿＿日至＿＿＿＿日　　付款凭证共计＿＿＿＿张
　　　(2) 自　11　日至　20　日　　付款凭证共计　3　张
　　　(3) 自　21　日至　31　日　　付款凭证共计　2　张

汇总收款凭证

借方科目：库存现金　　　　　　20××年12月31日　　　　　　汇收第1号

贷方科目	金额 (1)	金额 (2)	金额 (3)	合计	记账 借方	记账 贷方
其他应收款		63		63		
合　计		63		63		

附注：(1) 自＿＿＿日至＿＿＿日　　付款凭证共计＿＿＿张
　　　(2) 自＿11＿日至＿20＿日　　付款凭证共计＿1＿张
　　　(3) 自＿＿＿日至＿＿＿日　　付款凭证共计＿＿＿张

汇总收款凭证

借方科目：银行存款　　　　　　20××年12月31日　　　　　　汇收第2号

贷方科目	金额 (1)	金额 (2)	金额 (3)	合计	记账 借方	记账 贷方
实收资本	20 000			20 000		
短期借款	50 000			50 000		
长期借款	35 100			35 100		
应收账款		4 500		4 500		
应交税金			2 635	2 635		
主营业务收入			12 000	12 000		
其他业务收入			3 500	3 500		
合　计	105 100	4 500	18 135	127 735		

附注：(1) 自＿1＿日至＿10＿日　　付款凭证共计＿3＿张
　　　(2) 自＿11＿日至＿20＿日　　付款凭证共计＿1＿张
　　　(3) 自＿21＿日至＿31＿日　　付款凭证共计＿2＿张

汇总转账凭证

贷方科目：原材料　　　　　　年　月　日　　　　　　汇转第1号

借方科目	金额 (1)	金额 (2)	金额 (3)	合计	记账 借方	记账 贷方
生产成本		16 000		16 000		
制造费用		4 000		4 000		
管理费用		400		400		
其他业务成本			3 000	3 000		
合　计		20 400	3 000	23 400		

附注：(1) 自＿＿＿日至＿＿＿日　　付款凭证共计＿＿＿张
　　　(2) 自＿11＿日至＿20＿日　　付款凭证共计＿1＿张
　　　(3) 自＿21＿日至＿31＿日　　付款凭证共计＿1＿张

第12章

会计工作组织

知识点概要

会计工作组织就是为了适合会计工作的综合性、政策性和严密细致的特点,对会计机构的设置、会计人员的配备、会计制度和法规的制定和执行等工作所做的统筹安排。

正确科学地组织会计工作,对于完成会计任务、实现会计目标、发挥会计的作用具有十分重要的意义。

12.1 会 计 机 构

1. 会计机构的设置

会计机构是各单位内部进行会计工作的职能部门。建立和健全会计机构是做好会计工作的组织保证,是发挥会计职能,确保会计工作有条不紊地进行,及时准确地为经济决策提供信息的重要条件。

我国会计机构的设置一般分为:国家会计管理机构的设置和基层单位会计机构的设置。

(1) 国家会计管理机构。国家会计管理机构是指各级财政部门和业务主管部门设置的会计管理机构。

(2) 基层单位会计机构。基层单位设置财务会计处、科、股、组,在厂长或总会计师的领导下,负责办理本单位的财务会计工作,接受上级财会部门的指导和监督。

对规模小、人员少、业务简单的单位,可以不单独设置会计机构,但要在有关机构中设置会计人员,并指定会计主管人员负责领导和办理本单位的会计工作。

对不具备设置会计机构和会计人员的单位,应当委托经批准设立从事会计代理记账业务的中介机构代理记账。

2. 会计工作岗位的设置

根据《会计基础工作规范》的规定,各单位应当根据会计业务的需要设置会计工作岗位。

会计工作岗位一般可分为:会计主管、出纳、固定资产核算、材料物资核算、工资核算、成本核算、收入利润核算、资金核算、往来核算、总账报表和稽核等。

实行会计电算化的单位还应该按照会计电算化岗位设置的规定和要求,设置电算主管、软件操作、审核记账、电算维护、电算审查和数据分析等岗位。设定会计工作岗位时,必须要考虑到形成规范的内部控制制度的要求,符合内部牵制的原则。

3. 会计工作组织形式

会计工作组织形式是指企业根据自身的规模、业务繁简和管理要求对企业具体会计业务所采用的不同的分工方式。

(1) 按部门之间具体会计工作分工方式的不同,可以分为集中核算和非集中核算。

集中核算是指企业一般只设一个厂级会计机构,就是把整个企业的主要会计工作如明细核算、总分类核算、会计报表的编制和各有关项目的考核分析等,都集中在企业财务会计部门进行;其他职能部门、车间、仓库配备专职或兼职的核算人员,对本部门发生的经济业务,只负责填制或取得原始凭证,并对原始凭证进行适当汇总,定期将其送交企业会计部门,为企业会计部门进行会计核算提供资料。

优点:采用集中核算形式,核算工作集中在会计部门进行,便于会计人员进行合理的分工,采用科学的凭证整理程序,在核算过程中运用现代化手段,可以简化和加速核算工作,提高核算效率,节约费用,并可以根据会计部门的记录,随时了解企业内部各部门的生产经营活动情况。

缺点:各部门领导不能随时利用核算资料检查和控制本部门的工作。

分散核算又称非集中核算,企业的二级单位规模较大的,要设置专门的会计机构,并对本部门所发生的经济业务,在厂级会计机构的指导下进行较为全面的核算,完成填制原始凭证或原始凭证汇总表,登记有关明细账簿,单独核算本部门的成本费用及盈亏,编制会计报表等项工作;企业会计部门只负责登记总账和部分明细账,并汇总编制整个企业的会计报表。

优点:可以使企业内部各部门随时利用有关核算资料检查本部门工作,随时发现问题,解决问题。

缺点:会计部门不便于采用最合理的凭证管理办法,会计人员的合理分工在一定程度上受到的限制,从整个企业范围看,核算的工作量有所增加,增加会计人员的数量,因而相应的费用将增多。

(2)按企业与所属单位之间的经济管理体制不同,可以分为独立核算和非独立核算。

独立核算是指对本单位的业务经营活动过程及其成果进行全面、系统的会计核算。

独立核算单位的特点是:在管理上有独立的组织形式,具有一定数量的资金,在当地银行开户;独立进行经营活动,能同其他单位订立经济合同;独立计算盈亏,单独设置会计机构并配备会计人员,并有完整的会计工作组织体系。

非独立核算又称报账制,是把本单位的业务经营活动有关的日常业务资料,逐日或定期报送上级单位,由上级单位进行核算。

非独立核算单位的特点是:一般由上级拨给一定数额的周转金,从事业务活动,一切收入全面上缴,所有支出向上级报销,本身不单独计算盈亏,只记录和计算几个主要指标,进行简易核算。

12.2 会 计 人 员

会计人员是从事会计工作的专业人员,包括会计机构负责人和直接从事会计工作的人员。《中华人民共和国会计法》规定了会计人员的任职资格,《会计基础工作规范》规定了会计人员应具备的基本条件。

1. 会计人员的职责

会计人员的职责主要包括:

(1)进行会计核算。

(2)实行会计监督。

(3)拟订本单位办理会计事务的具体办法。

(4)参与拟订经济计划、业务计划,考核、分析预算、财务计划的执行情况。

(5)办理其他会计事务。

会计主管人员的职责包括：

(1)参与本单位经营管理的预测和决策；组织和领导本单位的会计工作，对制定本单位各项会计制度，制订财务和财务计划(或单位预算)，检查计划(预算)的执行情况以及编制会计报表负有全面责任。

(2)负责及时足额地缴纳本单位应缴税金；深入地进行调查研究，定期总结先进经验，组织交流，挖掘增产节约(或增收节支)潜力。

(3)监督本单位各部门正确贯彻执行国家财经政策，遵守财经纪律。

(4)负责对所属会计人员的工作考核。

总会计师的职责包括：

(1)编制和执行预算、财务收支计划、信贷计划，拟订资金筹措和使用方案，开辟财源，有效地使用资金。

(2)进行成本费用预测、计划、控制、核算、分析和考核，督促本单位有关部门降低消耗、节约费用、提高经济效益。

(3)建立健全经济核算制度，利用财务会计资料进行经济活动分析。

(4)承办单位主要行政领导人交办的其他工作。

(5)负责对本单位会计机构的设置和会计人员的配备、会计职务的设置和聘任提出方案；组织会计人员的业务培训和考核，支持会计人员依法行使职权。

(6)协助单位主要行政领导人企业的生产经营、行政事业单位的业务发展，以及其建设投资等问题做出决策；总会计师参与新产品开发、技术改造、科技研究、商品劳务价格和工资奖金等方案的制定；参与重大经济合同和经济协议的研究审查。

2.会计人员的权限

(1)有权要求本单位各部门、人员严格遵守国家的财经纪律和财务会计制度。对于内部有关部门违反国家法规的情况，会计人员有权拒绝执行，并及时向本单位领导或上级有关部门报告。

(2)有权参与本单位编制计划、制定定额、签订经济合同，参加生产经营会议和业务会议，有权了解企业的生产经营情况，并提出自己的建议。

(3)有权监督、检查本单位有关部门的财务收支、资金使用和财产保管、收发、计量、检验等情况。

按照《中华人民共和国会计法》第41条规定，会计人员调动工作或离职，必须与接管人员办清交接手续。

12.4 会 计 规 范

我国的会计规范体系可以划分为四个层次。

第一个层次是会计法律。会计法律由全国人民代表大会制定。我国会计法规的最高层次是《会计法》。除此之外，还有《中华人民共和国注册会计师法》《公司法》等若干其他法律也涉及会计领域。

第二个层次是行政法规。会计行政法规是由国务院根据有关法律的规定制定的。主要包括《总会计师条例》等。

第三个层次是会计部门规章。包括国家统一的会计核算制度、会计监督制度、会计机构和会计人员管理制度、会计工作管理制度。其中国家统一的会计核算制度包括会计准则和会计制度，如《企业会计准则——基本准则》和 38 项具体准则、《会计基础工作规范》等。

第四个层次是地方性会计法规。

自我训练

一、单项选择题

1. 会计核算工作组织形式，有集中核算和（　　）。
   A. 专业核算　　　　　　　　B. 班组核算
   C. 个别核算　　　　　　　　D. 非集中核算
2. 《中华人民共和国会计法》明确规定，管理全国会计工作的部门是（　　）。
   A. 国务院　　　　　　　　　B. 财政部
   C. 全国人大　　　　　　　　D. 注册会计师协会
3. 《中华人民共和国会计法》规定：从事会计工作的人员，必须取得（　　）。
   A. 会计从业资格证书　　　　B. 会计专业本科毕业证书
   C. 会计专业技术职务证书　　D. 会计专业专科毕业证书
4. 下列（　　）不属于会计人员专业技术职务。
   A. 高级会计师　　　　　　　B. 总会计师
   C. 会计师　　　　　　　　　D. 助理会计师
5. 《中华人民共和国会计法》在我国会计法规体系中属于（　　）。
   A. 会计法律　　　　　　　　B. 会计行政法规
   C. 会计部门规章　　　　　　D. 地方性会计法规、规章
6. 下列会计法规，属于会计部门规章层次的是（　　）。
   A.《中华人民共和国注册会计师法》　B.《中华人民共和国会计法》
   C.《企业财务会计报告条例》　　　　D.《企业会计准则——基本准则》
7. 我国会计规范体系的第一层次是（　　）。
   A.《会计法》　　　　　　　　B.《企业财务会计报告条例》
   C.《企业会计准则》　　　　　D.《企业会计制度》
8. 会计准则分为（　　）两个层次。
   A. 宏观准则和微观准则　　　B. 企业会计准则和预算会计准则
   C. 基本准则和具体准则　　　D. 会计准则和财务通则
9. 在一些规模小、会计业务简单的单位，可以（　　）。
   A. 单独设置会计机构　　　　B. 在其他有关机构中设置会计人员
   C. 不设置会计机构　　　　　D. 在单位行政机构中设置会计人员
10. 集中核算是把（　　）会计工作主要集中在会计部门进行。
    A. 各职能部门的　　　　　　B. 单位的部分
    C. 各生产经营部门的　　　　D. 整个单位的
11. 会计法（　　）会计准则。

A. 从属于 　　　　　　　　　　B. 受监督于
　　C. 统驭 　　　　　　　　　　　D. 受控制于
12. 关于非集中核算组织形式,下列说法中正确的有(　　)。
　　A. 总分类核算和对外报表应由厂级会计部门集中进行
　　B. 车间级会计部门负责独立组织本车间的全套会计循环
　　C. 车间级会计部门只负责登记原始记录和填制原始凭证
　　D. 以上说法都不对
13. 集中核算和非集中核算在一个企业里(　　)。
　　A. 可同时采用 　　　　　　　　B. 可分别采用
　　C. 既可同时采用,又可分别采用 　D. 不能同时采用
14. 现行的企业会计准则体系包括(　　)项基本准则和(　　)项具体准则。
　　A. 1,35 　　　　　　　　　　　B. 1,38
　　C. 2,35 　　　　　　　　　　　D. 2,38
15. 以下不属于会计工作组织内容的是(　　)。
　　A. 会计机构的设置 　　　　　　B. 会计人员的配备
　　C. 会计制度的制定和执行 　　　D. 会计账簿的设置

二、多项选择题

1. 会计工作组织的内容包括(　　)。
　　A. 设置会计机构 　　　　　　　B. 配备会计人员
　　C. 制定、执行会计法规 　　　　D. 保管会计档案
2. 我国的会计机构可分为(　　)。
　　A. 会计管理机构 　　　　　　　B. 会计决策机构
　　C. 会计核算机构 　　　　　　　D. 会计考评机构
3. 下列各项中,属于会计人员工作岗位的是(　　)。
　　A. 总会计师 　　　　　　　　　B. 会计主管
　　C. 出纳 　　　　　　　　　　　D. 工资核算
4. 会计人员的专业技术职务有(　　)。
　　A. 高级会计师 　　　　　　　　B. 总会计师
　　C. 会计师 　　　　　　　　　　D. 助理会计师
5. 会计人员的职责包括(　　)。
　　A. 进行会计核算 　　　　　　　B. 实施会计监督
　　C. 参与拟订经济计划 　　　　　D. 听从领导指挥
6. 我国会计法规体系构成层次包括(　　)。
　　A. 会计法律 　　　　　　　　　B. 会计行政法规
　　C. 会计部门规章 　　　　　　　D. 地方性会计法规、规章
7. 下列属于会计法规中会计法律层次的是(　　)。
　　A.《中华人民共和国会计法》　　B.《中华人民共和国注册会计师法》
　　C.《总会计师条例》　　　　　　D.《企业财务会计报告条例》
8. 构成中国企业会计准则体系的是(　　)。

A.《企业会计准则——基本准则》　　B.《企业会计准则》的具体准则
C.《企业会计准则——应用指南》　　D.《企业会计准则讲解》

9. 我国《企业会计准则》主要包括(　　)。
   A. 关于会计核算基本前提的规定
   B. 关于会计信息质量要求的规定
   C. 关于会计要素的确认和计量的规定
   D. 关于财务报告体系的规定

10. 独立核算单位的会计工作的组织形式,一般分为(　　)。
    A. 独立核算　　　　　　　　B. 半独立核算
    C. 集中核算　　　　　　　　D. 非集中核算

三、判断题

1. 会计管理机构是指在政府职能部门中负责组织、领导会计工作的机构。(　)
2. 企业会计工作的组织方式是"统一领导、分级管理"。(　)
3.《会计法》规定,从事会计工作的人员必须取得会计从业资格证书。(　)
4.《会计法》规定,财政部管理全国的会计工作。(　)
5. 注册会计师是单位行政领导成员,协助单位主要行政领导人工作。(　)
6. 企业的会计核算组织程序包括集中核算和非集中核算。(　)
7.《会计法》规定,所有企业必须设置总会计师。(　)
8. 按照规定,我国所有企业都必须执行《企业会计准则——基本准则》和具体准则。(　)
9. 会计人员具备必要的专业知识和专业技能以后,就可以一直从事会计工作。(　)
10. 在一些规模小、人员少、业务简单的单位,可以不单独设置会计机构,而在其他有关机构中配备会计人员,也可以委托任何会计代理机构代理记账。(　)

四、名词解释

会计工作组织　　会计机构　　集中核算　　分散核算　　独立核算　　非独立核算

五、简答题

1. 简述我国会计法规体系的构成。
2. 科学地组织会计工作应遵循哪些要求?
3. 会计人员有哪些职责?
4. 会计人员有哪些权限?
5. 简述我国会计工作的组织形式的内容。

 参考答案

一、单项选择题
1. D 2. B 3. A 4. B 5. A 6. D 7. A 8. C 9. B 10. D
11. C 12. A 13. C 14. B 15. D

二、多项选择题
1. ABC 2. AC 3. BCD 4. ACD 5. ABC
6. ABCD 7. AB 8. ABC 9. ABCD 10. CD

三、判断题
1. × 2. × 3. √ 4. √ 5. × 6. × 7. × 8. × 9. × 10. √

四、名词解释
　　会计工作组织就是为了适合会计工作的综合性、政策性和严密细致的特点,对会计机构的设置、会计人员的配备、会计制度和法规的制定和执行等工作所做的统筹安排。
　　会计机构是各单位内部进行会计工作的职能部门。
　　集中核算是指企业一般只设一个厂级会计机构,就是把整个企业的主要会计工作如明细核算、总分类核算、会计报表的编制和各有关项目的考核分析等,都集中在企业财务会计部门进行;其他职能部门、车间、仓库配备专职或兼职的核算人员,对本部门发生的经济业务,只负责填制或取得原始凭证,并对原始凭证进行适当的汇总,定期将其送交企业会计部门,为企业会计部门进行会计核算提供资料。
　　分散核算又称非集中核算,企业的二级单位规模较大的,要设置专门的会计机构,并对本部门所发生的经济业务,在厂级会计机构的指导下进行较为全面的核算,完成填制原始凭证或原始凭证汇总表,登记有关明细账簿,单独核算本部门的成本费用及盈亏,编制会计报表等项工作;企业会计部门只负责登记总账和部分明细账,并汇总编制整个企业的会计报表。
　　独立核算是指对本单位的业务经营活动过程及其成果进行全面的系统的会计核算。
　　非独立核算又称报账制,是把本单位的业务经营活动有关的日常业务资料,逐日或定期报送上级单位,由上级单位进行核算。

五、简答题
　　1. 我国的会计规范体系可以划分为四个层次。
　　第一个层次是会计法律。会计法律由全国人民代表大会制定。最高层次是《会计法》,还有若干其他法律也涉及会计领域,如《中华人民共和国注册会计师法》《公司法》等。
　　第二个层次是行政法规。会计行政法规是由国务院根据有关法律的规定制定的。主要包括《企业财务会计报告条例》《总会计师条例》等。
　　第三个层次是会计部门规章。包括国家统一的会计核算制度、会计监督制度、会计机构和会计人员管理制度、会计工作管理制度。其中国家统一的会计核算制度包括会计准则和会计制度,已颁布了《企业会计准则——基本准则》和38项具体准则、《企业会计制度》等。此外还包括财政部印发的《会计基础工作规范》等。
　　第四个层次是地方性会计法规。
　　2. 科学地组织会计工作应遵循的要求有:
　　(1)组织会计工作既要符合国家对会计工作的统一要求,又要适应各单位生产经营的特点组织会计工作,必须按照会计法对会计工作的统一要求,贯彻执行国家的有关规定。
　　(2)组织会计工作既要保证核算工作的质量,又要节约人力物力以提高工作效率。
　　(3)组织会计工作既要保证贯彻整个单位的经济责任制,又要建立会计工作的责任制度科学地组织会计工作,应在保证贯彻整个企业单位的经济责任制的同时,建立和完善会计

工作本身的责任制度,合理分工,建立会计岗位,实现会计处理手续和会计工作程序的规范化。

3. (1)进行会计核算。
(2)实行会计监督。
(3)拟订本单位办理会计事务的具体办法。
(4)参与拟订经济计划、业务计划,考核、分析预算、财务计划的执行情况。
(5)办理其他会计事务。

4. 会计人员的权限

(1)有权要求本单位各部门、人员严格遵守国家的财经纪律和财务会计制度。对于内部有关部门违反国家法规的情况,会计人员有权拒绝执行,并及时向本单位领导或上级有关部门报告。

(2)有权参与本单位编制计划、制定定额、签订经济合同,参加生产经营会议和业务会议,有权了解企业的生产经营情况,并提出自己的建议。

(3)有权监督、检查本单位有关部门的财务收支、资金使用和财产保管、收发、计量、检验等情况。

5. 会计工作组织是为了适合会计工作的综合性、政策性和严密细致的特点,对会计机构的设置、会计人员的配备、会计制度和法规的制定和执行等工作所做的统筹安排。

各单位应当根据会计业务的需要设置会计机构,或者在有关机构中设置会计人员并指定会计主管人员;不具备设置条件的,应当委托经批准设立从事会计代理记账业务的中介机构代理记账。

会计人员是从事会计工作的专业人员,包括会计机构负责人和直接从事会计工作的人员。从事会计工作的人员,必须取得会计从业资格证书。担任单位会计机构负责人的,除取得会计从业资格证书外,还应当具备会计师以上专业技术职务资格或者从事会计工作三年以上经历。

会计的法规和制度是组织和从事会计工作必须遵循的规范。我国的会计规范体系可以划分为四个层次。第一个层次是会计法律,是由全国人民代表大会制定,最高层次是《会计法》。第二个层次是行政法规,是由国务院根据有关法律的规定制定的,主要包括《企业财务会计报告条例》《总会计师条例》等。第三个层次是会计部门规章,包括《企业会计准则》《企业会计制度》等。